# 第2外国語
# 中国語教育の
# 諸問題

郭春貴 著

白帝社

# まえがき

日本の大学に第 2 外国語は必要でしょうか。

第 2 外国語の中国語は週 1 回，あるいは週 2 回のどちらが望ましいでしょうか。その位置づけはどう考えるべきでしょうか。

第 2 外国語の中国語教育の内容，目標，及び教授法はどうすべきでしょうか。

さらに，第 2 外国語の中国語に関わる教員の意識，資格はどのようなものが要求されるでしょうか。

教材はどのように編纂すればいいでしょうか。

来日して 42 年間，外務省，企業，語学学校，社会人に中国語を教え，そのうち 34 年間，日本の大学で第 2 外国語教育に携わっている間に，常に以上の問題を考えてきました。

日本で中国語の学習者が最も多いのは，大学における第 2 外国語の中国語履修者です。年間約 50 万人の新入生のうち，約 30％が第 2 外国語の中国語を履修しています。その数は年間約 15 万人に上ります（40％なら 20 万人)。

その十何万の履修者が置かれている第 2 外国語の中国語教育の環境は，残念ながら必ずしも良いと言えない状態で，1 年次の必修単位を修得したら，ほとんどの学生はそこでやめてしまうようです。それは誠にもったいないことで，大変寂しく思い，34 年間この中国語教育についてずっと研究してきました。

この論文集は今まで発表した論文の一部で，特に現在の第 2 外国語の中国語教育に関する 15 編を集めています。少しでも第 2 外国語の中国語教員の方々の参考になれば嬉しく思います。また，教員の方々が日本の中国語教育のために，引き続き研究してくだされば，さらに嬉しいです。

本論文集の論文 11 ＜日本大学公共汉语课程的会话教学研究＞と，論文 12「大学における初修外国語の 1 回目の授業について――初修中国語の例――」は操智氏との共著，論文 5「週 2 回の 2 外中国語の教学モデルについて」は妻，久美子との共著で，両氏の許可を得て，この論文集に入れさせていただいております。

また，論文以外に，学生の授業を受けた感想，授業を見学に来た広島修道大学と広島大学の教職員の方々の感想を最後に載せております。これらの感想文に大変元気づけられ，心から感謝しております。

また，この論文集は白帝社の小原恵子さんと十時真紀さんに大変お世話になり，心から感謝いたします。特に十時さんは，細かくチェックしてくださり，いくつかミスを指摘してくださって，大変助かりました。恥ずかしながら，深く感謝いたします。

この論文集は，私の定年退職の記念として出版していただけることになり，大変嬉しく思っております。第 2 外国語の中国語教育に携わる教員の方々に少しでも参考になり，日本の大学の第 2 外国語の中国語教育が，なお一層，発展することを心から願っております。ありがとうございます！！

2020 年 2 月 18 日

郭春貴

# 目　次

（　）内は初出論文

## 3 日本的大学 2 外汉语课程的教学模式探讨 …………………… 29



（〈日本的大学二外汉语课程的教学模式探讨〉，『中国語教育』第 6 号，pp.19-33，中国語教育学会，2008 年 3 月）

## 4 第 2 外国語としての中国語の授業モデル再考察 ………… 47



（「第 2 外国語としての中国語の授業モデル再考察」，『広島修大論集』第 49 巻 第 2 号（人文編），pp.181-191，広島修道大学，2009 年 2 月）

# 1　日本的大学汉语教育问题

## 0．前言

从 90 年代以来，中国经济高速的发展，促成了全球的汉语热，日本也不例外。这十几年来，中国的最大贸易伙伴国，一直是日本。而日本的最大贸易国，在 2004 年，已由中国取代了美国了[1)]。进入 21 世纪，全日本掀起了空前学习汉语的热潮。据不完全的统计，全国686所大学，每年近 70 万的新生里，近 30 万人（约 40%）左右学习汉语[2)]。每年 30 万，一年复一年，这些可能成为中日桥梁的年轻队伍该多庞大。

可是遗憾的是，每年 30 万左右学习汉语的大学生，却只有 3500 多人投考 HSK[3)]。另外，常听说日本学生学了一两年的汉语，连简单的会话也听不懂说不出。这是为什么呢？

对外汉语教学已发展了不算短的时间，日本方面对汉语的研究成果也不落人之后，可是为什么一般日本学生的汉语水平仍不见提高呢？崔永华 2004 指出的“基础研究成果跟实践教学有一定的距离”的现象在日本的大学汉语教育界相当显著。学者们研究了许多汉语理论与教学方法，可都无法在课堂上应用出来，学生们大都无法充分享受教授们的研究成果，这是个令人深思的问题。

日本的大学汉语教育是国际汉语教育的一环，我衷心地希望我们世界汉语教学学会能关注它的一些问题。本论文只想通过介绍日本大学汉语教育的一些问题点，以帮助在中国教导日本留学生的汉语教师了解日本学生的学习背景，并提出一些改善对策。

# 1．日本的大学汉语教育简介

日本的大学汉语教育主要分为以下三个体系：

## 1．1　外国语大学的汉语系

全日本两所国立外大（东京外国语大学、大阪外国语大学），一所公立的（神户市外国语大学）、以及 10 多所私立外大都设有汉语系，但都不仅以汉语为专业，课程也包括中国文学与文化。一、二年级每周得上 4、5 节（每节 90 分钟）汉语课，到三年级才各自上专业课。各校每年招生约 40 至 60 名。

## 1．2　综合性大学的中文系

日本许多综合大学（如东京大学、早稻田大学等）都设有中文系，但都以文学为主。汉语课程不如外大那么专，选修汉语为专业的学生也得选一些文学或文化课。一、二年级每周顶多上四节汉语课，三年级以后，现代汉语课都是选修课。各校每年招生不多，约 10 名左右。

## 1．3　综合性大学公共外语的汉语课

日本的大学生一般都得选修两门公共外语，英语为第 1 外语，然后再从德语、法语、汉语等语种中选择一种作为第 2 外语。这种公共外语课，不论英语或汉语，只是属于教养课，1 周最多上 2 节课，基本上只让学生接触一下不同的语言文化。上述每年 30 万左右的汉语学习者正是选修公共汉语的学生。

# 2．日本大学汉语教育的问题点

## 2．1　大学教育环境的问题

神户大学的中川正之教授指出："许多国立大学的一般教育科目，包括外语课，都由新成立的大学教育中心管理，可该中心并不直接负责

教学，也没有决定与安排课程的权力。另外如果语言教授退休时，也不一定再补充新的语言师资。根本不考虑教育效果和非专任教师的问题。……这样的教育环境，跟那些想学好汉语的学生的要求，相差太大了[4)]。”这是个令人头疼的行政问题，而日本大学的汉语教育环境除了行政问题以外，还有以下三方面的问题。

### 2．1．1　过分重研究轻教育

大学是个教育与研究并重的机关，如果偏颇一方，对国家都有失无得。可是日本的大学都过于重研究轻教学，评职称只重视研究论文著作，不重视教学成果，造成教授讲师们都把精力投置在研究上而忽视教学。对自己研究有关的专业课，还比较认真对待，而对跟自己研究无关的公共外语课，大多敷衍了事，或者让非专任教师负责。

### 2．1．2　过分重文学文化轻语言

神户外国语大学的佐藤晴彦教授指出：“大学改革之后，当今外大的外语课程，主要有两种倾向；一种是归入区域文化课程，一种是改为以交际能力为主的课程。特别是以区域文化为主的外大，专业的汉语课大大减少。而以训练交际能力为主的外大，实用的语言学能力不受重视[5)]。”不仅外大如此，综合大学的外语课程也大都归入文化课。专任教授的专业多是文学或文化，现代汉语专业的教授寥寥无几。例如广岛大学中文系七名专任教授里，只有 1 名研究古汉语的，没有现代汉语专业的教授。由于重文学文化轻语言的倾向，造成一般大学都认为外语课没必要请专任师资，只要请非专任教师负责即可。

### 2．1．3　学生必修两种外语

日本的大学生一般都必须选修两种外语，英语为必修的第 1 外语。另外必须再从汉语、德语、法语、韩语等语种中选择一种作为第 2 外语。选修两种外语有好有坏。好处是能有多一个机会接触另一种语言文化，如果遇到好的教师可能会继续学习下去，多掌握一门外语，视野较开阔。

坏处是学生负担太重，无法专心学习。

## 2．2　汉语师资问题

### 2．2．1　专任汉语师资少

据日本中国语学会[6]所做的调查统计，在27所大学里的522节课里，非专任教师所担任的课，就占了306节，占总数的59%[7]。另外山口2004的调查也显示，东京66所开设有汉语课的大学里，竟有18所大学没有专任师资，课程全由非专任教师担任。非专任教师水平参差不齐，而且大部分都是非汉语专业者。当然不是说非专任讲师里没有优秀的教师，可是皆因都是临时讲师，有课才到，无课不来，下课就走，无法给学生制造良好的学习环境。以神户大学为例，学习汉语的学生从1997年的200名，激增到2002年的800名，可是专任汉语教师五年来依然是3名[8]。广岛修道大学从1997年的561名，激增到2005年的731名，专任汉语教师依然是2名[9]。

### 2．2．2　专任中国教师少

除了专任汉语师资缺少以外，日本的大学里的专任汉语师资里，地道的中国教师也不多。据《日本的汉语教育》（『日本の中国語教育』）调查显示，大学里的汉语专任老师，大多是日本老师。比如东京外大10名专任里，8名是日本人，只有2名是中国人。大阪外大9名专任里，7名是日本人，只有2名是中国人[10]。专任教师里有无中国人，学习汉语的环境就大不相同。专任教师里中日教师平衡的话，双方就能互相配合，互相取长补短，共同安排好课程。学生也能随时请教专任中国教师问题，练习口语等。

### 2．2．3　汉语专业师资少

由于日本汉学界一路来只重视古典文学或古典汉语，培养出来的汉学家多是古典专家或文学研究家，他们对现代汉语课不太重视。可是近几年来选修汉语的学生越来越多，大学方面为了节省开支，这些不太重视现代汉语的古典专家和文学研究家也得教现代汉语了，甚至一些研究中国经济社会等的学者也加入教导公共汉语的队伍里了。当然不是说非汉语专业的教师就不能教好汉语课，也不是汉语专业的师资就都一定能教好汉语课，但在安排学习课程与教学方针时，汉语专业的教师总比非汉语专业的熟悉胜任吧。

### 2．2．4　教师的教学意识不高

陆俭明 2005 指出，对外汉语是门跨文化的学科，不同的专业的教师只要提高教学意识，包括学科意识、学习与研究意识、自尊自重的意识，就一定能把课上好。遗憾的是日本大部分的教师，由于上述教育环境的影响，教学意识并不太理想。

## 2．3　学生问题

学生的问题多有人介绍[11)]，本论文只简单总结一下《日本的汉语教育》（『日本の中国語教育』）一书所做的调查及该书介绍的学生情况。

### 2．3．1　人数问题

全日本的大学究竟有多少学生学习汉语，没有一个正确的统计数字。日本的中国语学会和中国语教育学会[12)]都没做过全面的调查统计。《日本的汉语教育》（『日本の中国語教育』）一书所做的调查，只有 27 所大学，仅占全国 686 所大学的 0.03%，无法了解全貌。从 27 所大学以及其他资料看来，近几年来大概有 30% 到 40% 的学生（近 30 万）选修汉语为公共外语[13)]。

### 2．3．2　动机问题

外大汉语系与综合大学中文系学生学习汉语的动机较明确，大多对中国文化或汉语感兴趣，希望将来能从事跟中国有关的工作。而选修公共汉语学生的动机就比较不明确。笔者每年都对自己所教的学生进行学习动机的调查，跟郑丽芸 1997、保坂 1998 所做的调查结果大同小异。

基本上可概括为以下三大动机。①对中国有兴趣、②受高中老师或同学的影响、③汉语有汉字，易学易拿学分。

### 2．3．3　学习特点

日本人学习外语的传统方法只重视阅读翻译，不重视口语。一般学生的学习特点为：①读写强，听说弱、②上课较被动少发言、③学习较认真努力。如何发挥日本学生的特长，改善其弱点，是当前对日本汉语教育的该思考的问题。

## 2．4　教学目标

### 2．4．1　教学目标不明确

外语教学目的不外有二，一是培养听说读写等语言技能，一是培养语言交际能力[14)]。而目标得视教学对象与学习时间而定。一般日本大学的汉语教学目的目标都不太明确。汉语系和中文系的汉语课 4 年内要达到什么目标？1 年或 2 年的公共汉语课应该教到什么程度，都没有明确规定。外大与综合大学中文系的教学目标似乎只是以培养研究人才为主，不太重视培养语言技能或语言交际能力。学生虽然专业是汉语，可是汉语交际能力都有限。而公共汉语课的教学目标，也同样不明确，几乎所有大学的选修细则里都只说是「通过学习汉语以了解中国文化，扩大对异国文化的了解」。事实上，大部分公共汉语课都在拼命教汉语发音，讲解词汇语法，做语言练习等，根本不是什么文化教养课。而班上学生人数多，又根本无法进行语言训练，说不上是外语课。结果变成一种非文化也非语言的课。

### 2．4．2　无统一的教学大纲

不论是汉语系、中文系的汉语课，还是公共汉语课，都无统一的教学大纲，各大学各自为政，各教各的。究竟公共汉语 1 年该学哪些词汇，哪些语法点都没有一个统一的大纲。

## 2．5　教材

### 2．5．1　五花八门的教材

在教学目标不统一不明确之下，许多大学教师都各自编写适合自己使用的教材，市面上可见的教材真是五花八门，无所不有。例如《中国语初步教材》《初级中国语会话》《校园中国语》《教养初级中国语》《愉快中国语》《网上中国语》《大学一年级》《中文初阶》《今日汉语》等。有的注重语法或会话，有的讲求内容新颖或有趣。总之内容随意性大，缺乏科学性，水平参差不齐[15]。

### 2．5．2　教材多是初级教材

在众多教材之中，大部分是为公共外语所编的初级教材。这是因选修公共汉语的学生多，出版社有利可图，愿意出版。中级以上的教材因选修学生少，盈利少，出版社不太愿意出版。

### 2．5．3　中国编写的教材不适合日本学生使用

中国编写的教材虽不少，可大部分都是面对欧美学生的，对日本学生不太适合。另外也因为份量太多，不适合公共汉语课使用。

## 2．6　上课形式

### 2．6．1　班级人数

外大汉语系与综合大学中文系的班级人数约 20 名左右，适合上语言课，无可厚非。可是大部分公共汉语课由于被认为是教养课，为了节省开支，班级人数都在 50 名前后，甚至有些大学汉语课班级人数多至 80 至 100 多人[16]。可以想像其教学效果如何。

### 2．6．2　上课时数

汉语系与中文系的学生，一二年级时都得上每周 4 至 5 节汉语课，三年级后才各自选修专业课。公共汉语课则因学校而异，有的 1 年只上

30 节课（1 周 1 节），如山梨大学、广岛经济大学等。有的 2 年上 120 节课的，如早稻田大学、日本大学等。大部分大学都是 1 年上 60 节课（1 周 2 节），如广岛修道大学、大阪国际大学等[17)]。

### 2．6．3　上课内容

汉语系与中文系课的内容较有系统，基本上是日本教师讲解语法与翻译，中国教师训练发音、朗读与听说。而公共汉语课基本上不严格规定，1 周 1 节课的由负责教师自己安排，1 周 2 节课的大多由 2 位教师共同教一个班，多以阅读与讲解语法为主。汉语系与中文系的课，学生人数少，语言操练机会较多。公共汉语课几乎无法进行口语训练，通常都是教师先给学生念课文，讲解课文，解释生词与语法点，然后再做课本上的练习就完事。

## 3．几点建议

日本的大学汉语教学界的问题，基本上在于传统制度已跟不上新时代的要求了。最近几年虽已开始注重教学，进行改革了，可是阻力仍然不小。在制度难改的情况下，总要想办法改善目前的一些问题，尽量培养多一些热爱汉语，热爱中国的日本青年。以下是笔者的几点小建议，还请各位同行多指教。

### 3．1　适应时代的需求，制定教学目标

不管大学的汉语教学环境多恶劣，教学目标还是应该明确，汉语系与中文系可制定培养学者与口语人才两项目标。公共汉语不能只当教养课。郑丽芸 1997 已指出，大部分学生都不把公共汉语当作文化课，他们都想学一点儿汉语。在目前制度难改的情况下，必须先制定一个能让各大学接受的公共汉语教学目标，有了基本统一的目标，也许能推动教师努力把课教好。另外有必要再进一步研究一套公共汉语的教学法。目前日本的中国语教育学会已着手制定基本汉语语法教学大纲，这是件可

喜可贺的事。

### 3．2 组织专门教导语言技能的师资队伍

大学仍是搞研究的阵地，但也是教育的重地，必须分工。可以像美国许多大学一样，专任教授教专业搞研究，另聘请一批契约教师专门教汉语课。这些契约教师最好是日本教师与中国教师各半，彼此共同合作，互相取长补短。当然这些汉语教师最好也应该要有陆俭明 2005 提出的教学意识。

### 3．3 制定评选师资的制度

教育改革的基本关键在于教师，不提高教师的素质无法改进教学的质量。最近美国许多州已要求语言教师必须要有一定资格才能任教。日本也可以考虑此问题。这是一种提高师资水平的方法。必须明确不是所有中国人都能教好汉语，也不是所有研究中国语言或文学的日本人都能教好汉语。如何制定评选资格的确不易，可以参考中国国家对外汉语教师资格考试大纲，先由中国语教育学会理事提出方案，供专家们讨论而定。

### 3．4 制造重视教学的环境与气氛

大学是个研究重地，研究工作仍然非常重要，但如果仍然不重视汉语教学，将来培养出来的汉语学者将会无处发挥自己的能力与研究成果。如果学汉语的学生越来越少，将来汉语教师的工作必然大减。因此，学会与各大学专任教授都必须带头重视此问题，崔永华 2004 指出的“让一线教师结合教学意识进行研究”是很有必要的。大家必须共同努力制造重视教学的环境与风气，让所有汉语教师都能感受到教学跟研究一样重要。

### 3．5 中国方面适当的支援与协助

任何一种外语教育都必须要有使用该语言的国家的支持与协助，才

能提高与普及。正像日本政府支持全世界的日语教育一样，日本的英语教育也获得英美的各种协助与支持。同样的，日本汉语教育也获得了中国许多支持与协助。比如派遣汉语师资到日本任教，提供汉语教师进修的机会，提供奖学金给学生到中国留学等。但这几方面都还有待改善。首先派遣师资不该只论资排辈，要讲教学水平。其次关于汉语教师进修班要多宣传，课程要有针对性。由于宣传不够，日本许多非专任教师都无从参加。还有由于课程没有针对性，无法吸引更多日本汉语教师参加。希望今后能开办一些针对日本教师的进修班，帮助提高日本汉语教师水平。另外，目前中国政府给日本学生的奖学金名额不多，手续又十分繁琐，且申请者无权决定自己想上的大学，造成学生敬而远之。希望中方能增加奖学金名额，精简申请手续，同时也让学生能够自选想上的大学。

除了政府给予上述的支持以外，汉办与世界汉语教学学会以及各大学可以多召开一些有针对性的国际汉语教学讨论会，比如纯粹针对日本学生的汉语教学法等的讨论会。

## 4．小结

进入 21 世纪后，国际间的政治经济文化的交流越趋频繁，外语教育越来越受重视。对外汉语教育与国际汉语教育都是一种外语教育，其重大目标在于教导非汉族人掌握汉语，使用汉语跟中国人交流。正如王路江 2003 指出：对外汉语教学是让世界了解中国和让中国走向世界的重要桥梁。日本的大学汉语教育正是要让日本广大的年轻人了解中国，这对今后中日两国的将来举足轻重，不容忽视。本论文简单介绍了日本的大学汉语教育的问题点，不外是希望中国方面以及各位同行能理解日本大学汉语教育的种种问题，同时也能给我们提一些宝贵的意见，帮助我们改善大学的汉语教育问题。谢谢 !!

**【注】**

1）日本财务省 1 月 26 日发表的 2004 年贸易统计速报资料。

2）日本文部科学省网页 http://www.mext.go.jp/b_menu/toukei/002/002b/mokuji15.html（文部科学统计要览 2003 年），综合山口雪江 2004，郑丽芸 1997 和广岛修道大学，广岛大学 2000 年至 2005 年选修汉语学生资料。

3）輿水优 2003〈中国国家对外汉语教学领导小组办公室〉『中国語教育学会会報』第 8 号（通巻 33 号）2003 年 11 月 15 日

4）中川正之「中国語教育をとりまく環境について」『日本の中国語教育—その現状と課題・2002—』p.155

5）佐藤晴彦「神戸市外国語大学中国学科における中国語教育の現状と課題」『日本の中国語教育—その現状と課題・2002—』pp.124-125

6）https://ss1.xrea.com/www.chilin.jp/ 成立于 1946 年，长期以来一直是日本汉语学界的重要学术研究组织，每年举行大会一次，让会员们发表论文，交流研究经验。

7）『日本の中国語教育—その現状と課題・2002—』p.88

8）同注 4）

9）广岛修道大学教务部 2005 年资料。

10）同注 7）

11）郑丽芸 1997、保坂律子 1998、堤博美・田中良等 1993

12）http://www.jacle.org 成立于 2002 年，会员主要是从事汉语教育的大学、高中、专门学校的教员。主要活动为每月开办的学术研讨会，交流教学经验，提高会员的汉语教学水平。其前身为全国中国语教育协议会，成立于 1996 年。

13）同注 2）

14）程棠 2000 p.2

15）石汝杰 2004

16）『日本の中国語教育—その現状と課題・2002—』p.86 以及笔者所作调查资料。

17）『日本の中国語教育—その現状と課題・2002—』pp.95-132、山口雪江 2004

**【参考文献】**


日本中国語学会中国語ソフトアカデミズム検討委員会編 2002『日本の中国語教育—その現状と課題・2002—』，好文出版

山口雪江 2004「東京都内 100 大学（短期大学含む）における中国語教育カリキュラムの現状について」，『華蓉論叢』第 3 号，東京学芸大学中国語学中国文学研究室

中国語教育研究会 2003『研究会報告記録集』，中国語教育研究会

程棠 2000《对外汉语教学目的原则方法》，华语教学出版社

中国对外汉语教学学会秘书处，《语言文字应用》编辑部编 2001《语言教育问题研究论文集》，华语教学出版社

郑丽芸 1997〈日本大学汉语教学一瞥〉，《世界汉语教学》第 1 期，北京语言文化大学

堤博美・田中良等 1993「奈良大学第二外国語履修生に対するアンケート調査」，『奈良大学紀要』21

保坂律子 1998〈日本大学生汉语学习情况调查〉，《世界汉语教学》第 2 期，北京语言文化大学

杜君燕 1995〈对日本学生进行汉语教学的几个问题〉，《第四届国际汉语教学讨论会论文选》，北京语言大学出版

陆俭明 2004〈增强学科意识，发展对外汉语教学〉，《世界汉语教学》第 1 期，北京语言大学

陆俭明 2005〈汉语教员应有的意识〉，《世界汉语教学》第 1 期，北京语言大学

崔永华 2004〈教师行动研究和对外汉语教学〉，《世界汉语教学》第 3 期，北京语言大学

石汝杰 2004〈日本的汉语教科书及其出版情况介绍〉，《世界汉语教学》第 2 期，北京语言大学

王路江 2003〈从对外汉语教学到国际汉语教学〉，《世界汉语教学》第 3 期，北京语言大学

郭春貴 2000「日米大学の中国語教育について」，『広島修道論集』第 40 巻第 2 号（人文編），広島修道大学

郭春贵 2004〈日本的大学汉语教育〉，『北研学刊』創刊号，広島大学北京研究中心

# 2　大学における第2外国語の中国語教育の位置づけ

## 0. 大学における第2外国語

現在日本の大学のほとんどでは，カリキュラムによって2つの外国語を履修しなければならない。そして，多くの大学では，英語が第1外国語で，英語以外の外国語が第2外国語になっている。また，学部や学科によって，第1外国語が中国語かドイツ語，フランス語になっている大学もあれば，第1と第2の区別がない大学もある。本論文では大部分の大学で行われている英語以外の第2外国語を言う。

本論文は外国語大学や総合大学の中国語学科と，第1外国語としての中国語教育については論じない。大学によって，開講する第2外国語の講座は中国語，フランス語，ドイツ語，スペイン語，韓国語，ロシア語などがある。本論文は，中国語教育に絞って論じたい。

90年代の大綱化以来，多くの大学でカリキュラムの改革においては常に，第2外国語を必修にすべきかどうかという議論がなされたが，残念ながら，中国語学会では一度もこの問題について議論がなされたことがない。一体，大学における第2外国語の中国語教育をどう位置づけるべきか。必修にすべきか，選択必修にすべきか，それとも，全く自由選択履修にすべきか。本論文はこの問題にかかわる，大学における第2外国語の中国語教育の様々な問題について論じたい。

# 1. 第2外国語としての中国語教育について

## 1. 1　歴史からみての中国語教育

日本における中国語教育は江戸時代に始まり，そして現在に至る。その歴史については『中国語への道』（六角恒広・横山宏著，大修館書店，1975），『中国語と近代日本』（安藤彦太郎著，岩波新書，1988）に詳しく記載がある。また，戦後から現在の中国語教育についても輿水優2005に詳しく書いている。本論文は最近4，5年の大学における第2外国語としての中国語教育について論じる。

## 1. 2　現在の第2外国語としての中国語教育

現在の大学における第2外国語の中国語教育（以下，2外中国語と略す）は大学によって，カリキュラムや教育の目標などが異なる。また，学部によっては2外中国語のカリキュラムがないものもある。

輿水優2000が指摘したように「90年代から，大学の新設や学部学科増が図られると，外国語学部，国際学部などに中国語学科や中国語コースを設置する例が多くなり，中国語を専攻する学生は増えた」。

21世紀に入っても，中国の経済が発展し，日本との貿易関係がますます密接になるにつれて，日本の中国語学習者はますます増え，大学の中国語履修者も増える一方である。専門だけでなく，教養科目としての2外中国語の履修者も年々増えている。『日本の中国語教育—その現状と課題・2002—』の16大学の統計によると，第2外国語履修者全体に占める中国語履修者の割合は多い所で58％，平均37％であった[1)]。2003年以降の統計数字がないが，筆者の本務校である広島修道大学では2002年43％，2003年39％，2004年40％，2005年41％，2006年40％である。医学部と理学部でドイツ語が必修になっている広島大学でも2002年33.6％，2003年25.5％，2004年28.1％，2005年29.0％，2006年28.1％である[2)]。

### 1. 2. 1　履修体系

現在日本の大学における2外中国語の履修体系は主に2種類ある。

① 選択必修：ほとんどの大学で2外中国語の履修体系は，英語以外の外国語から1つを選択して必修するものだが，履修単位はまちまちで，1単位もあれば，8単位もある[3]。また，英語とセットにして，2言語で8単位，10単位という履修体系もある[4]。

② 自由選択：2外中国語を必修としていない大学は，まだ，少数派だと言われる[5]。

### 1. 2. 2　授業回数

履修体系によって，各大学の授業回数はかなり異なるが，選択必修の体系をとっている大学は主に週2回で，3，4回の大学もある[6]。自由選択の場合はほとんど週1回である。週2，3，4回の授業はペアや，連携で行うところもあれば，そうではないところもある。

### 1. 2. 3　クラス規模

『日本の中国語教育—その現状と課題・2002—』によると，日本の大学における2外中国語のクラス規模はまちまちで，1クラス25人もあれば，100人前後もある。その中で一番多いのは40～49人と50～59人である[7]。

### 1. 2. 4　授業目標

2外中国語の授業の目的については，ほとんどの大学の履修要覧や手引きによると「中国語の学習を通して，異文化，中国文化を理解する」である。具体的な授業の達成目標はそれぞれの授業のシラバスで明記しているが，授業の具体的な達成目標は統一している大学もあれば，統一していない大学もある。

一般的には，週2回1年の授業の目標は：①発音の基礎のマスター。②基本文法や単語の習得。その他，簡単な日常会話の習得や，日本中国語検定試験の準4級か4級合格という目標を設定している。

#### 1. 2. 5　授業内容

各大学で使われている教科書は様々だが，内容を見ると，ほとんど同じく，発音の基礎，文法項目が中心である。教養科目としての第2外国語授業は語学中心の実用語学に移りつつある。

### 1. 3　2外中国語の問題点

#### 1. 3. 1　大学の重視度が低く，専任教員も少なすぎる

日本の大学は一般の考え方では専門科目が中心で，教養科目は付属のように考えられている。学生の負担軽減というためだけに，学生の必要性を考えずに，真っ先に教養科目，特に第2外国語が削除される傾向が強い[8)]。教養科目と第2外国語のカリキュラムを頻繁に変え，必修から選択へ，選択から自由へ，また，単位の減少などの改革も多い。それから，中国語の履修者は年々増えても，専任教員数が10年前と変わらない大学も多く，授業はほとんど非常勤教員に任される。中川正之氏が指摘したように「5年間で，200名台の履修者が800名台になった。専任教官で中国語を担当する者は相変わらず3名のままであった。授業時間帯の配置が整わぬまま，多数の非常勤講師に無理を言って，時には週10コマ近くの授業の担当を依頼し，長時間に渡って拘束せざるを得ないこともあった。」[9)]。

#### 1. 3. 2　学会の重視度も低く，教育に関する研究発表も少ない

「中国語学会」は主に語学研究が中心である。「中国語教育学会」がやっと成立したのは2002年である。「中国語学会」は最近10年間，2外中国語の問題についての発表がなかった。「中国語教育学会」でも成立してから2外中国語の履修問題についての議論はまだなされていない。この6年間（2001年から2006年）の両学会の学会誌を調べると，

教学に関する論文は驚くほど少なかった。「中国語学会」の『中国語』はゼロで,「中国語教育学会」の『中国語教育』は 39 編中 18 編だけだった。学会の風潮も大学の研究重視，教育軽視という考え方に影響されているとしか考えられない。

### 1. 3. 3　教員は研究業績を重視しすぎ，教学を軽視する風潮がある

大学はもともと「研究と教育の機関」だが，いつからか,「研究重視」という考え方が根強くなった。文部科学省の教員に対する評価も研究業績だけにより，大学の教員の昇進評価も研究業績ばかりである。研究業績を重視しすぎるために，大学の教育が疎かになる傾向がないとは言えない。ましてや教養科目にすぎない 2 外中国語の教育は，多くの専任教員の専門と異なることが多く，いくら頑張って教えても，研究業績にならないので，教員が教育より研究の方に力を入れるのも無理はない。

### 1. 3. 4　教育目標と授業内容が統一されず，非常勤教員任せが多い

教育の達成目標は，担当教員たちが相談しながら決めなければならないはずだが，多くの大学の専任教員は自分の研究や雑務で忙しく，授業目標，授業内容，教授法などについて非常勤教員との話し合いが少なく，ほとんど非常勤教員に任せっぱなしという状態である。シラバスに「外国文化を理解するための語学授業」とあっても，実際の授業は文法中心，或いは会話中心，検定対策中心，文化中心だったり，極端なところではビデオ鑑賞ばかりと，多様ではあっても，授業の目的から離れることが多い。結局，教員によって授業の質が変わり，効果も異なるのが現実である。

### 1. 3. 5　大人数の授業で，語学授業か教養授業か曖昧である

21 世紀に入ると，中国の経済発展によって，日中貿易関係が密接に

なり，それにつれて，中国語の履修者が増えたが，新たに教員を採用せず，1 クラスの学生数を本来よりかなり増やすことはあっても，クラス分けしないのが多くの大学の現状である。『日本の中国語教育—その現状と課題・2002—』の調査によると，1 クラス 60 人や，100 人以上の場合もある。これでは語学の授業と言えないだろう。語学授業のクラスは 40 人でも多いのに，60 人以上，100 人以上のクラスなど到底想像できない。多くの大学は語学授業も教養科目として考えているかもしれない。しかし，語学授業は教養科目と異なり，少人数での練習と訓練を必要とする。したがって，大人数のクラスでは語学授業はとても成り立たないであろう。

## 2. 2 外中国語教育をどう位置づけるべきか

以上の問題点を分析しながら，今後，日本の大学における 2 外中国語教育をどう改善すべきか，どのように位置づけるかを検討したい。どのような語学教育をすべきか，その科目を必修にすべきか，大学教育全体で，第 2 外国語教育をどう位置づけるべきか検討していく。

### 2. 1　3 つの大前提

これらの問題を検討するにあたって，まず，次の 3 大前提を考えなければならないであろう。

① 大学の理念：各大学は，それぞれの理念と建学精神があるので，大学のカリキュラムに 2 外中国語が必要かどうか，どのような教育内容にすべきか，当然それに基づいて決めなければならないであろう。

② 時代のニーズ：大学教育は常に時代のニーズに応えなければならない。今はグローバル化と情報化の時代であり，どのような教育をすべきか，また，中国の経済力と政治力が高まり，日中の経済関係が密接になっている今，各大学は中国語教育をどうすべきかを真剣

に検討すべきではないか。

③ 学生のニーズ：大学は学生がいるからこそ成り立っているので，学生を教育するためには，まず学生のニーズを把握しなければならないのではないか。場合によっては学生の将来を考えながら，必要なカリキュラムを提供しなければならない。学生が就職のために，英語以外の外国語も勉強したいと希望するなら，そのニーズを無視できない。

## 2．2　２外中国語授業は必要か，選択必修にするか，自由選択にするか

以上の 3 大前提をふまえて，まず，2 外中国語教育が必要かどうかを判断して，それから，必要に応じて，選択必修もしくは自由選択にするかを検討すればいい。

多くの大学は時代と学生のニーズに応えるため，2 外中国語教育の必要性を感じているが，問題はその履修方法にある。専門ではない中国語教育を必ず選択必修にすべきなのか，自由選択にすべきではないのかと考えはまちまちである。

### 2．2．1　自由選択にする理由

必修を外して，自由選択にする大学の主な理由は次の通りである。

① 学生の自由を尊重する：大学教育は自由の天地であり，大学生は判断力があるので，履修科目は自分の意思で選択すべきである。

② 経費の節約：一部の私立大学は定員を割っているので，経費を節約するために，それほど重要ではないと思われる語学科目を削除すべきである。

③ 学生の学力が低い：大学生の人口が減少していることから，地方の私立大学は経営難を解決するために，学力が入学資格に到達していない学生も入学させる。日本語も英語も十分なレベルではない学生に，第 2 外国語を学習させるのは困難だ。

### 2. 2. 2　選択必修にする理由

一方，選択必修にする大学の主な理由は次の通りである。

① 時代のニーズに応える：グローバル化の時代において，英語だけでは国際化とは言えない。学生の国際的視野を育成するために，英語以外の外国語も必要である。特に 90 年代から，世界における中国の経済力と政治力が著しく高まり，また，中国は日本の最大貿易国でもあるので，中国語教育が必要である。

② 学生のニーズに応える：学生は時代を敏感に読んでいる。将来，就職には，英語ができるのはもう当たり前であり，その他にもう 1 つ外国語，特に日本の最大貿易国，中国の言葉である中国語ができれば，鬼に金棒だと考える学生が多いに違いない。そのために，中国語教育が必要である。

③ 学力の低い学生は自分で判断できない：21 世紀に入り，私立大学はほとんど全入に近い状態になり，経営のために，学力が入学資格に到達していない学生も入学させざるを得ないが，そのような学生は，どんなものが必要であるかを判断する力がないという現実を無視できない。したがって，大学側は責任をもって，学生にとって必要なものをきちんと必修として教えるべきである。

### 2. 2. 3　自由選択か選択必修か

2 外中国語を自由選択にするか選択必修にするかは，それぞれの立場，理由があるのは言うまでもない。

今の時代と学生のニーズを考えれば，2 外中国語が必要だということには恐らくほとんどの大学が賛成だと思うが，それぞれの具体的な状況，経営，学生の学力，教員の不足などで，やむをえず自由選択にすることが多いのではないだろうか。逆に厳しい状況の中でも，経営戦略として，あえて外国語教育に重点を置き，特に中国語教育を中心にしたい大学もあると思われる。

その中で，英語とセットにする折衷案も現れた。2 言語で 8 ないし 10

単位を取らなければならないという履修体系で，学生に自由を与えながら，最小限（1 単位でもいい）の拘束をする。しかし，その折衷案も学力の低い学生の逃げ道を作っているとも言える。つまりこれは，学力の低い学生は最小限やればいいという考えである。それでは，学生には危機感がなく，安易に逃げることを考え，その結果，学習意欲が高まらないままになるのではないか。しかも，語学の学習において，1，2 単位の勉強に何の意味があるのか，真剣に検討すべきであろう。

それぞれ大学によって状況が異なるので，考え方が異なるのも当たり前であるが，本論文は双方の考えを尊重して，次の提案をしたい。

### 2. 2. 4　学力のレベルが高い大学は自由選択

両極化した日本の社会は大学にも同様の現象が現れている。18 歳の人口は少なくなり，定員を割る大学はこれからも出てくるであろう。その中で，学力が高い大学生は自分で必要な科目を選ぶことができ，2 外中国語を必修にする必要はないと思われる。

### 2. 2. 5　学力のレベルが平均以下の大学は選択必修

教育を全て自由にしてよいのだろうか。専門科目と英語をほとんど必修，あるいは選択必修にすることは当たり前で，反対意見がない。ところが教養科目，第 2 外国語科目になると，必修や選択必修にすることに反対の意見が多い。果たして教養科目と語学科目は自由選択にしてよいものだろうか。

近年，多くの大学生の学力低下が叫ばれているが [10)]，学力が平均レベルでも，教養知識が足りなければ，専門科目を履修しても内容を理解できないであろう。そのような学生はやってもやらなくてもいいと言われたら，楽な方に流され，履修しなくなるであろう。したがって，大学側がしっかり教育を行うためには，ある意味では厳しさが必要なのではないか。必要な科目を必修にしないと，学生の多くは必ず履修しなくなる。その結果，学力の低い学生を卒業させることになり，本人の就職にも大学の名誉にも影響する。2外中国語が必要と思われるなら，せめて選択必修にすべきである。

一方，学力が低い学生は2外中国語以前に国語と英語さえも習得していない状況であるから，強制的に2外中国語を勉強させる必要はないという考えは理解できる。しかし，学力が低い学生は，専門科目もよく理解できないであろうからといって，専門科目の必修をなくして，全て自由選択にするだろうか。それでは，専門の教員は賛成できないだろう。

学力の低い学生に対して，新しい科目を学習させ，教え方を変えることで，勉強方法を身につけさせることができるのではないか。多くの国は，すでに高校から第2，第3の外国語を教えているという。大切なのは，入学させる以上，責任をもって，いろいろな科目を通して教育することであろう。もちろん，同じ教育内容と教育方法ではなく，学生に相応しい内容と方法を研究すべきことは言うまでもない。

## 2. 3　2外中国語教育の内容——教養語学か，実用語学か

選択必修か自由選択かを決めた後に，2外中国語の教育内容を改革しなければならないであろう。従来の教養語学としての翻訳と文法説明だけで終わる授業は，新しい時代と学生のニーズに相応しくない。グローバル化時代は，コミュニケーションをとるための実用的な語学を要求する。

現時点で，多くの大学は第2外国語教育を一般教養科目の中の語学授業としてとらえているが，大学によって，また同じ大学でも教員によって従来の教養語学と実用語学が統一されずに行われながら，徐々に教養語学から実用語学へ変わってきた。

しかし，1クラス40人前後の学生で，1回90分週2回の授業では1年間かけても実用語学の授業として必要な訓練は望めない[11)]。また，専任教員の不足を非常勤教員で補っているが，教員間の連携不足が生じ，その上，授業内容の管理システムもなく，教育目標が統一されていなくては，実用語学の授業の成果は到底望めない。

一方，大学は専門学校ではないので，実用語学よりも，語学の学習を通して，異文化を理解し，教養を身につけることが大学教育には相応しいという考え方もある。ただし，大学と学生の多くは第2外国語教育を教養科目よりも語学授業として求めている[12]。

理想と現実のギャップは大きい。中国語を含め，第2外国語教育の内容は改革の時期を迎えている。筆者は自分の教学経験と外国語教育の研究に基づいて，以下のような新しい2外中国語教育を提案したい。

### 2. 3. 1　実用語学がメイン，教養がサブの語学授業

大学における2外中国語教育は一般教育科目に属しているので，一般教養の教学目的を忘れてはいけないが，教養が目的なら，日本語で行われる文化論のような授業で十分である。語学授業にはやはり語学授業の特色がある。その上，学生の実用語学を習いたい，将来就職の役に立てたいという素朴な要求にも応えなければならない。

しかし，大学の経営状態とカリキュラムの性質（大人数で年間90分×60回の授業）から考えると，専任教員の増員が望めない状況では，理想的な実用語学教育も机上の空論である。

筆者は実用語学がメインで，教養がサブの2外中国語教育を提案したい。実用語学を中心に，文化教養の知識も盛り込む。授業の目標は：

① 1年間の中国語授業を通して，中国文化を多少なりとも理解し，より関心を持ち，継続的に学習する意欲を高める。

② 中国語の発音の基礎，簡単な基本文法，簡単な会話を習得する。

③ 1年間の中国語の学習を通して，学習方法を身につけ，集中力，記憶力などを高める。

④ 中国語検定試験4級レベルに達する。

以上の目標を目指すならば，当然少人数クラスを検討するべきである。大学側に理解してもらい，せめて30人前後のクラスにする。そうすれば，授業の方法なども検討できるのではないだろうか。

### 2. 3. 2　実用語学がメイン，教養がサブの語学授業の教授法についての研究が必要

現状では，多くの大学の2外中国語授業は，語学が専門の教員は語学に偏り，文学などが専門の教員は文化教養（文章の翻訳が中心になる）に偏る傾向がある。これからは，実用語学がメイン，教養がサブの語学授業の教授法を研究すべきであろう。新しい時代と学生のニーズを考え，90分の授業で，どのように語学と教養の内容を組み込むか，どのように語学の学習を通して，学生に中国語と中国文化への興味を持続させ，中国語と中国への関心を高めるかなど，今後の語学教育にとって大きな課題になるであろう。

## 3. 結び

大学における2外中国語教育をどう位置づけるかは各大学により事情が異なるので，一概には言えない。必修にするかどうかはそれぞれの大学の教育理念に基づいて考えるべきだと思うが，一般的に言えば，時代のニーズに応えて，選択必修にするのがベストではないだろうか。

選択必修にするために，実用語学がメインで，教養がサブという授業が新しい時代に相応しいかもしれない。そのような授業をするため，以下の提案をしたい。

1. 少人数クラス：語学授業において，少人数制がいいことは言うまでもない。大学側の立場から見ると，経費がかかるため，なかなか応えてくれないかもしれないが，教育の質などの点から，じっくり話し合えば，理解してくれると思う。贅沢は言えないが，30人前後のクラスが望ましい。
2. コーディネート制：非常勤教員任せにならないように，専任教員がコーディネーターになって，大学に相応しい2外中国語教育をしっかり行えるように努力する。統一教材，統一の授業目標，統一

テストを計画し，担当する教員への連絡，指示などに努める。

3．教員の定期研修：大部分の教員が非常勤であるという現状で，新しい時代に相応しい2外中国語教育の要求に応えるには，教員の研修が不可欠である。中国語学だけではなく，教授法や教育学，心理学などの知識と理論も研修すべきだと思われる。

4．実用語学がメイン，教養がサブの授業体系：90分の授業で，実用語学と文化教養の割合をどのようにするか。また，新しい語学授業の教授法などについての工夫と研究が必要であろう。

**【注】**

1）『日本の中国語教育―その現状と課題・2002―』p.85

2）広島修道大学の教務部資料と広島大学の資料。

3）山口雪江2004によると東京の100大学のうち，14校が8単位。上智大学，津田塾大学，国際基督教大学，早稲田大学，明治大学，東京大学などは2年で8単位，広島経済大学は最低1単位でもいいという履修条件。広島修道大学の経済科学部は2007年から英語6単位，第2外国語は2単位である。

4）広島修道大学の法学部，人文学部は2言語で8単位，商学部は2言語で10単位。

5）明海大学，大阪産業大学，広島工業大学，呉大学（現 広島文化学園大学）。

6）広島大学の総合科学部，文学部，教育学部は週4回の授業，成蹊大学法学部は週3回，立命館大学は週3回と4回がある。

7）『日本の中国語教育―その現状と課題・2002―』p.86

8）国立大学協会が加盟83校を対象として，2005年10月に実施した教養教育に関する実態調査では，法人化後に教養教育の予算が減少した大学は32%，将来は減ると予想した大学が67%であった（朝日新聞2007年5月17日付）。

9）『日本の中国語教育―その現状と課題・2002―』p.155

10）日本リメディアル教育学会会長の小野博教授の調査によると，国公立大学の6%，私立大学の20%，短期大学の35%の学生の国語力は中学レベル（毎日新聞「大学淘汰」2006年6月5日付）。

11）実際年間週1回なら30回授業で，週2回なら60回だが，それぞれの初回はガイダンスで，最後が試験なので，残りはそれぞれ28回，56回しかない。

12）郑丽芸1997の調査と郭春貴・劉国彬2007の調査によると，多くの学生の中国語授業への期待は「会話を習いたい」。

**【参考文献】**

ウィルガM・リヴァーズ編著1995『変革期の大学外国語教育』，桐原書店
田中慎也1994『どこへ行く？大学の外国語教育』，三修社
一般教育学会編1997『大学教育研究の課題』，玉川大学出版部
関正夫1995『21世紀の大学像』，玉川大学出版部
輿水優2000「中国語教育の現状と課題」，『応用言語学研究』No.2，明海大学大学院応用言語学研究科紀要編集委員会
輿水優2005『中国語の教え方・学び方—中国語科教育法概説—』，日本大学文理学部
J・V・ネウストプニー1995『新しい日本語教育のために』，大修館書店
崔永华2005《对外汉语教学的教学研究》，外语教学与研究出版社
黄锦章，刘焱主编2004《对外汉语教学中的理论和方法》，北京大学出版社
日本中国語学会中国語ソフトアカデミズム検討委員会編2002『日本の中国語教育—その現状と課題・2002—』，好文出版
山口雪江2004「東京都内100大学（短期大学含む）における中国語教育カリキュラムの現状について」，『華蓉論叢』第3号，東京学芸大学中国語学中国文学研究室
李泉主编2006《对外汉语课程，大纲与教学模式研究》，商务印书馆
李晓琪主编2006《对外汉语综合课教学研究》，商务印书馆
吕必松2005《语言教育与对外汉语教学》，外语教学与研究出版社
郭春貴・劉国彬2007「中国語学習を経た日本人大学生の中国に対する意識変化」，『広島修大論集』第48巻第1号（人文編），広島修道大学
郑丽芸1997〈日本大学汉语教学一瞥〉，《世界汉语教学》第1期，北京语言文化大学

**【参考資料】**

国立大学法人における教養教育に関する実態調査報告書（平成 18 年 10 月）
http://www.mext.go.jp/b_menu/shingi/chukyo/chukyo4/003/gijiroku/07012402/001/003.htm

# 3　日本的大学 2 外汉语课程的教学模式探讨

## 0．前言

在日本的大学里，作为第 2 外语的汉语课程（以下简称 2 外汉语课）有没有什么教学模式呢？　这种课程需要什么教学模式吗？

在中国的对外汉语教学界，从 80 年代开始，对教学模式的研究与实践已渐受重视[1)]。可是日本的汉语教育学界至今对大学 2 外汉语课的教学并未十分重视，对这课程的教学内容与教学模式的研究探讨可以说是少之又少。

事实上，每年在 2 外汉语课学习汉语的学生相当多，据统计每年至少 15 万左右的学生选修这门课[2)]，可以说是日本学习汉语的主要环节，身为汉语教师的我们不能不重视。

本论文主要根据笔者多年来从事 2 外汉语教育的经验与研究，进行探讨并提出一种适合这类课程的教学模式，希望能引起同行对此类汉语教学的注意，共同研究其特点，开发出更多的教学模式，以促进日本 2 外汉语课的发展。

## 1．日本的 2 外汉语课程

在探讨教学模式之前，有必要先了解一下 2 外汉语课的一般情况[3)]。

### 1．1　教学目的

一般日本大学都规定学生在校期间，必须选修两门公共外语。英语为第 1 外语，英语以外的外语（包括汉语）为第 2 外语[4)]。这类公共外语课程，不论英语或汉语，其教学目的只在于让学生通过学习外语，掌握该外语的基础知识，同时了解一点儿该外语的文化社会背景[5)]。

### 1．2　教学目标

日本的大多数大学在学生的选课指南里，只简单记载学习 2 外汉语的目的，很少记载学习或教学的目标。一部分大学在选课指南里记载的目标是“掌握简单的日常会话”，一部分大学是“掌握基础发音”等。也有一部分大学记载的教学目标是“通过学习汉语了解中国文化”[6)]。

### 1．3　学生人数

由于 2 外汉语课的教学目的只在于学一点儿语言文化知识，每个班学生人数的多少都不太受重视。学生人数各大学不一，有的 30 人，有的多达 90 多人[7)]。

### 1．4　上课时间

2 外汉语课基本上只学 1 年，大都在大学一年级时学习。前后期各约 30 节课，1 年共约 60 节课，1 节课为 90 分钟。每学期扣除第 1 节的课程介绍和最后 1 节课的考试，实际上只有 56 节课左右。一般 1 周 2 节课（也有 1 周 1 节课的），总共仅有 84 个小时的课。

### 1．5　教材内容

除了一部分大学使用统一教材以外，大多数大学都不统一，由各任课教师决定。教材各色各样，五花八门，有以会话为主的，有以语法为主的，也有以训练听力为主的[8)]。

### 1．6　师资问题

由于一般大学都重研究轻教学，专任教师负责专业课程或埋头搞研究，2 外汉语课大多由非专任讲师负责[9)]。可非专任教师无实权，工作不稳定，一般都无法全身心地投入教学工作。

## 2. 日本 2 外汉语课程的类型

据笔者个别了解，2 外汉语课的课型多种多样，因校而异，因师而异，实难做一总结[10)]，只能简单分类如下。

### 2. 1　翻译讲解课型

这种课型重点在于翻译，不管是会话课文、语法点的例句、练习题，都用日语翻译讲解。有的是让学生预习后翻译，教师纠正；有的是由教师直接用日语讲解翻译就完事，根本谈不上语言训练。

### 2. 2　文化修养课型

这种课型重点在于文化理解。教师只简单地讲解课文和语法要点，大部分上课时间都用来介绍中国社会文化，或只播放电影光碟。

### 2. 3　语言训练课型

语言训练课型主要又可分以下四种课型。

#### 2. 3. 1　以讲解语法为主的课型

这种课型最为普遍。由于日本大学许多专任汉语教师都是搞语法研究的，自然而然地会在教学中大讲语法。许多非语言专业的日本教师主要受以讲解语法为主的英语教育的影响，上汉语课时也喜欢讲解语法。而一些中国教师也许是受 50 年代至 70 年代中国以讲解语法为主的外语教育的影响，也都采用这种教学方式。

#### 2. 3. 2　以听说为主的课型

80 年代之后，外语听说教学法盛行，许多汉语教师开始采用这种教学法。上课时播放教材的 CD 或磁带，让学生多听多念，然后练习会话。

### 2．3．3　以练习造句作文为主的课型

这种课型可说是讲解语法课型的延长。教师在讲解语法后，主要让学生大量练习造句。教师准备好一些日文句子或用课本上的练习题，让学生练习翻译或造句。

### 2．3．4　以电脑教材为主的课型

这种课型主要是适应新时代的需求，利用电脑教材，训练发音，记忆单词和练习造句。一切说明都在电脑教材上，上课时教师只要让学生开动电脑，学生就能自己学习和练习。

### 2．4　语言文化结合课型

这种课型是又教语言又讲文化，有的以语言为主，文化为副，有的以文化为主，语言为副。以语言为主者，在讲解了课文与语法点、做一些练习后，就稍微给学生介绍一点儿文化知识。以文化为主者，在讲解文化信息后，简单讲解课本上的内容，几乎不做语言操练。

### 2．5　随意课型

由于一般大学不太重视 2 外外语课，教学目标与教学重点都由任课教师决定，使有些教师教学过于随意，没有教学目标。有的教师上课时花大部分时间漫谈中国杂事，然后简单地念念课文。有的教师美其名为给学生介绍中国文化，整节课都放录像或 DVD。也有些教师整节课全用来做中国语检定考试的问题等等。

## 3．各种课型的问题

上述各种课型，随意课型应该是一无可取，其他课型则是有好有坏。虽各有一定的效果，但作为 2 外汉语课仍然存在不少问题。以下是不同教学课型存在的各种问题。

### 3．1　翻译课型的短处

翻译课型虽能让学生容易明白，但引不起学生的兴趣。新时代的学生已不像过去只靠翻译来了解外国文化了，大部分学生学习外语的目的是希望跟外国人交流，通过直接交流去理解外国文化。这种翻译课对初学的学生，显得枯燥无味，只能适合高级班的翻译课。

### 3．2　文化课型的短处

文化课型与重文化的课型虽能让学生了解一些中国文化知识，可是语言训练少，语言课变成了文化课。学生的汉语能力无法提高，对汉语学习兴趣大减，1 年之后，都不想继续学习下去。

### 3．3　语言课型的短处

语言课型的问题比较复杂，有重讲解的，有重会话练习的，也有重造句的，也有重听写的，各有各的优缺点。

#### 3．3．1　重讲解课型的短处

重讲解的课型对语法词汇的解释过于详细，学生虽能获得一些语言知识，但因没时间做语言操练，应用能力较差，一些水平较低的学生都觉得枯燥无味，觉得学汉语跟过去学英语一样，无法应用。

#### 3．3．2　重会话课型的短处

重会话的课型重视会话练习，一般较能引起学生的学习兴趣，可惜没时间讲解语法知识，造成学生对语法知识欠缺，造句能力无法提高，阅读能力低。

#### 3．3．3　重造句课型的短处

重造句的课型，学生动笔多过动口。学生造句与简单翻译能力较强，可是由于很少开口练习，口语和听力能力较差。

### 3．3．4　用电脑教材课型的短处

利用电脑教材的课型，虽能引起学生的兴趣，但缺少实际对话练习，语言交际能力难以提高。另外起动电脑教材耗时多，无形中减少了学习时间。

### 3．4　语言文化课型的短处

语言文化课型的问题主要在于没有会话练习，学生难以提高学习兴趣。以语言为主，文化为副的课型，大多用于讲解语法，问题跟 3．3．1 的类似。而以文化为主，语言为副的课型，问题类似 3．2。

## 4．日本 2 外汉语课程的教学模式探讨

上述各种课型存在的问题，身为教师的都很清楚，可由于大学当局并不太重视 2 外汉语课，没有明确的教学目标，没有足够的师资，结果问题依然无从解决。

随着时代的激变，对外汉语教学已成为一门专门的学科了，已不是那种只要会说汉语就能教汉语的时代了。对外汉语教学，不论在理论上或教学实践上，不断受语言学研究的冲击，从 50 年代 60 年代的重视语言结构的研究与教学，发展到 70 年代 80 年代的重视结构、意义、功能结合的研究与教学，而后又发展到 90 年代的重视结构、功能与文化结合的研究与教学。日本 2 外汉语课虽然面临许多困难，可是大部分的教师都感觉到已经到了必须改革的时期了。

在客观条件无法改变的情况下，汉语教师与汉语研究者都必须共同努力，探讨出一些能够改善现存 2 外汉语教学问题的良策。

本论文主要想探讨一下 2 外汉语的教学模式，希望能为日本 2 外汉语教学提供一些具体的教学模式，让担任 2 外汉语课的教师参考，以便共同提高 2 外汉语教学的质量。

## 4．1　教学模式

“教学模式”是“指教学课程的设置方式和教学的基本方法”[11]。也可以说“教学模式是构成课程、选择教材、指导教学活动的一种计划或范型”[12]。

马箭飞 2004 甚至指出 :“或者教学法本身就是一种教学模式，或者教学法由先后多个教学模式组成。”

实际上，任何一门学科都需要有一定的课程设置方法和基本教学方法，这些课程设置方法和基本教学方法都属于教学模式。比如崔永华 1999 介绍的中国基础汉语教学模式 :“讲练－复练”模式、“讲练－复练＋小四门”模式、“分技能教学模式”等都跟教学法有密切的关系。

那么，日本的 2 外汉语课是否也应该有一些合适的教学模式呢 ?

## 4．2　探讨课堂教学模式时必须考虑的问题

不同的课堂类型，必然有其相对应的课堂模式。中国的对外汉语教学有其合适的教学模式，日本的 2 外汉语教课也必然有其不同的教学模式。

在探讨日本 2 外汉语课的教学模式时，首先必须考虑一个重大前提，即陆俭明 2004 提出的总的指导思想 :“怎么让一个从未学过汉语的外国留学生在最短的时间内能最快最好地学习好，掌握好汉语。”笔者认为这个总的指导思想也能适用于日本的 2 外汉语教学。因此在探讨日本 2 外汉语教学模式时，可以结合这个总的指导思想，来考虑以下三个问题。

### 4．2．1　日本大学 2 外汉语课程的特点

任何一门学科的教育，首先都要明确课程特点、教学目的与教学时间，才能制定适当的教学目标、教学方法等。日本 2 外汉语课有以下的特点 :

第一，学习地点是在母语（日语）的环境里，而且是作为大学的公共外语来学习。

第二，学习目的仅在于掌握基础汉语知识和一些简单的会话，或者通过学习汉语来了解中国文化。

第三，学习时间短而不集中，课程为 1 年 56 节课，之间夹有一个半月的暑假。每周只上 2 节课，每节 90 分钟。

第四，课堂学习人数大多在 40 个人左右[13)]，而且都不是汉语专业的学生，他们还必须学习其他专业课程。

究竟这 56 节约 84 个小时的课里，对那些非汉语专业的学生，要教什么，要怎么教，要达到什么样的目标呢？

实际上，这种大学 2 外公共汉语课，既属于一般教育课（General Education），又属于语言课。说它是一般教育课，因为其课程顶多 1 周 2 节课，有些大学只有 1 节课，谈不上语言训练。说它属于外语课，因为它不同于其他的一般文化课，得学习语言。

另一方面，各大学的课堂学生人数不一，教材不一，学生学习能力不一，该怎么制定一个能让大多数教师接受的教学模式呢？

### 4．2．2　日本学生学习汉语的特点

在制定教学模式时，还得考虑学生的特点。日本学生学习汉语的特点跟欧美学生、韩国学生都不一样。例如，日本学生无需教导汉字的书写，但他们听说能力较差。还有日本学生较害羞，较被动，上课时不敢说，不敢问。因此，在制定教学模式时，应考虑如何发挥他们的特长，弥补他们的短处。

### 4．2．3　学生的要求

教育对象价值观的改变，必定会要求新的教学模式。随着时代的变化，学习汉语的学生的要求也有所变化。进入 21 世纪后，国际交流日趋频繁，中日经济关系日趋紧密，日本学生学习汉语都希望能跟中国人交流，跟中国人做生意。大部分选修 2 外汉语课的学生，都把这种课程当作一种语言课，大都希望学习会话[14)]。因此教学模式必须符合学生的这种要求，才能引起学生的学习兴趣，提高他们的学习情绪，从而完

成教学目标。

### 4．3 教学目标

考虑以上三大前提后，在决定教学模式和教学方法之前，还得制定教学目标。1．2 已述，日本各大学对此课程所定的目标都比较笼统，不太明确。究竟一年的课程要达到什么样的目标呢？各大学的学生水平不一，当然不可能有统一的目标，但为了提高教学质量，满足学生的要求，具体的教学目标是不能不定的。以下是笔者根据多年教学经验总结出来的 2 外汉语 1 年课程（1 周 2 堂课）的教学目标，供各大学参考。

1. 培养学生对汉语与中国文化的兴趣。
2. 掌握基本汉语发音基础（包括掌握好拼音的书写与阅读）。
3. 掌握 600 个常用词汇[15)]。
4. 掌握 80 至 100 个常用语法点与句型[16)]。
5. 简单介绍中国的社会文化知识。

日本 2 外汉语课最大的目标，应该是培养学生对汉语的兴趣，让学生能继续学习下去。因为在这一年不集中的 84 个小时课里，根本不可能让学生完全掌握好汉语，目标只能放在通过教授一些基础汉语知识，培养学生对汉语的兴趣。如果学生能在这短短的课时里，产生对汉语的兴趣，必然会继续学习下去。这样，这个课程的教学目标基本上就达到了。当然，要培养学生对汉语的兴趣，不可能凭空乱教，不可能一味地讨好学生，不可能只讲文化不教语言，也不可能只教语法不讲文化。上述五大目标是互相结合、互相关联的。学生掌握了正确的汉语发音，掌握了一定的词汇句型，了解了一点儿中国文化，能简单地跟中国人交流，就一定对汉语有兴趣，就一定会继续学习下去。这才是 2 外汉语课的最大教学目标。

## 5．“会话＋词汇语法＋文化”三结合模式的教学内容

了解了日本 2 外汉语教学的条件，明确了它的目标后，就可以探讨

适合该目标的教学模式。笔者觉得刘珣1997和李泉1997提出的“结构、功能、文化”三结合的教学法，在一定程度上也能适用于日本2外汉语课。刘珣提出的三结合教学法认为初级阶段以结构为主，中级阶段加强功能，高级阶段加入文化因素。但是笔者觉得这三结合的方法在日本2外汉语课里，不可能分三个阶段，只能同时进行。既要训练学生的汉语基础，也要培养学生对汉语与中国文化的兴趣，必须在课堂上采用这种三结合的教学模式。

考虑日本2外汉语的教学条件，笔者把这三结合的模式改称为“会话+词汇语法+文化”。以下先简单介绍这模式的具体教学内容。

## 5．1　会话教学内容

外语课本来就是一门实践性很强的课程，教学的最大目标应该是让学生实践应用，提高交际能力。更何况新时代的学生在学外语时，都喜欢学一些实用的会话，以便将来有一天能跟外国朋友交流。既然学生有此要求，教师就不能固步自封，不能以为只要学会语法、词汇就能交流而不教会话。80年代中国对外汉语教学引入交际教学法，正是适应新时代的要求。进入21世纪后，外语教育重视交际训练已成为多数人的共识了。

会话教学是一种交际能力的训练，重点是必须让学生多听多说多练习，所以内容要实用简单，生动有趣，短小精悍。每一课最好不超过六句对话，甲乙各三句。每个句子也不宜过长，让学生容易背诵记住，使学生有一种成就感。

会话句子的词汇与语法点不宜过多，句子结构最好是学过或即将学习的语法点，不宜太难，顺序要得当。不能因为中国人常用常说，就什么都列出来。例如可能补语“去不了”，结果补语“看到”，介词“让，把”等，虽是常说，也不该在刚学习不久的第一、二课里就出现。

## 5．2　词汇语法教学内容

词汇与语法都是功能教学的重要内容。在初级阶段，词汇教学比语法教学更为重要。在现实生活的语言交际中，许多时候只要懂得词汇，即使语法错误也能沟通。可一般教师却认为词汇只是一个一个的词，让学生自己记就行了，没什么好教的，结果把课时都花在了大讲语法上。实际上，初学外语的人一般都比较怕语法，对词汇却颇有兴趣，学生都想知道自己有兴趣的东西用汉语怎么说。所以在 2 外汉语课里，得结合词汇与语法教学。应该告诉学生，为了提高会话能力，必须得自己能造句子，才能活用，因此必须多学一些词汇，掌握一些语法。

2 外汉语课的词汇教学，主要还是得配合会话内容，教一些跟会话内容有关的词汇，不宜太多，每次就教 10 个左右。当然这些词汇必须要有所选择，这方面可参考日本中国语教育学会编的《中国语初级阶段学习指导纲要》（『中国語初級段階学習指導ガイドライン』）的学习词汇表的第一表（600 词）和第二表（400 词）。2 外汉语 1 年课程，可以第一表为主，再参考第二表，适当地增加一些跟课文有关的常用词汇。最多不应超过 800 个词。

至于语法教学必须由浅至深，由简渐难，语法点的顺序要适当安排。例如不能还没教“的”，就教“得”；还没教“了”，就教“是……的”。

当然 2 外汉语课不是汉语专业课，不能像教汉语专业的学生那样系统地从语素、词、词组、句子那样正规地教语法。2 外汉语课只有 1 年 84 个小时课，最多只能教 80 至 100 个常用实用的语法点。在提高学生兴趣的同时，帮助他们掌握一点儿语法知识即可，不宜过于详细。除了教一些简单的语法外，还得教一些常用的词汇与句型，如“怎么样”“怎么了”“怎么办”“是……的”等。

## 5．3　文化教学内容

日本 2 外汉语课的目的既然在于通过学习汉语来了解中国文化，那就不能不稍微介绍一些中国文化知识给学生。文化知识在一定程度上能提高学习语言的兴趣。如果学生对中国文化有一定的了解，有一定的兴趣，必然会积极继续学习汉语，会应用所学的汉语跟中国人交流。

2 外汉语课的文化内容不需很正规，只要介绍一些学生感兴趣的中国社会生活问题就可。例如饮食、教育、体育、电影、待人处事、风俗习惯、旅游胜地等等。内容应该简单扼要，点到为止。也可以一个学期放映一两次适合学生欣赏的中国电影或纪录片，让学生一边儿了解中国的生活面貌，一边儿复习一些学过的日常口语。

## 6．“会话＋词汇语法＋文化”的具体教学模式

在日本2外汉语课里采用“会话＋词汇语法＋文化”三结合的教学模式时，不一定必须采取三者平均教学的模式。这三结合的模式应以会话为主，通过会话学习词汇与语法要点，再补充文化知识。90分钟的课可具体安排如下：

### 6．1　开场白（5分钟）

为了让学生轻松学习，提高学生的兴趣，可以在上课开始后的5分钟，简单谈谈一些学生关心的生活问题、大学问题等。

### 6．2　复习（10分钟）

开场白后，立刻简单复习上1节课的内容。要注意复习不是重头再讲一遍。重讲不但浪费时间，而且会让学生有一种依赖性，觉得教师一定重头复习，自己就不复习了。教育的最终目的是培养学生自学的习惯与能力，不能让学生依靠教师的复习。当然也不能没复习。复习的目的是让学生加强记忆，帮助学生进入新的课文，所以得适当地复习。复习方法可以大声朗读课文、生词、例句，也可以进行10分钟就能结束的小听写或小测验（五个小题），也可以让学生背诵课文等。

### 6．3　会话练习（20分钟）

会话练习是每一次课的小高潮，尽量多鼓励学生，表扬学生，以便让学生产生兴趣，积极学习。首先，会话课文一定得让学生事先查词典，翻译好，这是培养学生学习习惯的一个方法，也可以节省上课时间。上

课时由教师领读一遍会话课文，然后指名让几个学生念一句，翻译一句。理解课文后，可分甲乙两组分角色练习两次，然后再分两人一组各自练习，最后让学生自由找伙伴练习。课后布置作业让学生听 CD，把会话课文背下，下一堂课利用 10 至 15 分钟时间让学生在大家面前背诵。总之，会话课应该少讲多练，尽量通过愉快的学习方法，训练学生的会话交际能力，培养他们对汉语的兴趣。

## 6．4　学习词汇与语法要点（30 分钟）

练习会话后，尽量把会话里出现的词汇写在黑板上或卡片上，然后带学生朗读，让学生巩固那些词汇，然后再教 10 个左右的有关词汇。教新的有关词汇时可以用日语尽快解释，然后让学生分组学习，互相考对方，帮助记忆。整个词汇教学不宜超过 10 分钟。

教语法时，最好让学生事先预习好课本上的语法点，讲解时尽量简单扼要，尽量通过例句与造句让学生去理解语法点，切忌讲得过细，应该点到为止。然后让学生多念例句，翻译例句，再做一两个替换练习即可。为了避免枯燥无味，讲解后可鼓励两个或四个学生组成一组，互相朗读例句，练习造句。每次课的语法点不宜多，最多只讲 3 至 4 个语法点。为了让学生巩固学过的语法点，可以安排作业，让学生课后模仿例句造句，教师在批改后适当地在课堂上简单地讲解一些共同的错误。总之，词汇语法教学要简单扼要，也得少讲多练。

## 6．5　介绍文化（15 分钟）

学完词汇语法，学生的注意力可能开始减退，教师得赶紧把上课内容转到介绍文化上。让学生转换口味，提起精神再继续学习。这 15 分钟的文化课，教师应该通过多种方式来介绍中国文化。例如利用照片、明信片或实际的物品（如报纸、杂志、人民币、剪纸、幸福结等工艺品）简单生动地告诉学生一些文化知识，讲完后可鼓励学生在课余时间阅读一些有关资料。或者可以事先让学生阅读日文资料或文章，然后让学生互相讨论问问题。或者可以让学生看有关中国生活文化的录像或 DVD

等等。

### 6．6　让学生问问题（5 分钟）

上完文化课后，应让学生问问题。一般 2 外汉语课的学生都不太爱问问题，教师得加以鼓励。问问题的目的不仅能训练学生的思考能力，也能训练他们的语言交际能力。问题不必限于学习上的问题，对中国问题、留学问题等任何问题都可以问。对学生问的问题，即使是简单幼稚的问题也要给予肯定，给予适当的回答。这样才能培养学生敢问问题的能力。5 分钟时间非常短，只能问一两个问题。教师可以告诉学生问问题是一部分的平常成绩，鼓励学生事先准备。学生为了获取平常分，一定会争着问问题的。

### 6．7　总结（5 分钟）

整节课的最后 5 分钟，教师得做一个小总结，把一堂课里所学的内容简单地做一重点总结，让学生留下记忆。会话内容可以再次带学生朗读一遍，词汇语法简单地重点提醒，文化内容可以一句带过。

## 7．小结

本论文提出的“会话 + 词汇语法 + 文化”的三结合教学模式，基本上可以说是一种“多练”的模式。在这模式下一定要少讲多练，采用个人、小组等多样化的训练方式，以提高学生的学习兴趣。

不可否认，日本 2 外汉语课的教学条件比较复杂，各大学要求不一，学生水平也不一，不可能只有一种适合各大学的统一教学模式。本论文只是根据多年的教学经验，再做了一些教学调查，进而总结出上述的“会话 + 词汇语法 + 文化”三结合的教学模式。这个模式只是供大家参考，不一定适合所有的大学，但可以说是从无到有的一个尝试，若能达到抛砖引玉的效果则万幸也。希望大家能根据各自大学的条件，研究出各种不同的教学模式，共同推进日本 2 外汉语课的发展。最后希望能得到同行们的指正批评。

【注】

1）详见马箭飞 2004。

2）据日本文部科学省网页 http://www.mext.go.jp，综合山口雪江 2004 及广岛修道大学与广岛大学 2000 年至 20007 年选修汉语的学生资料。2006 年进大学人数为 603054 人，以 40% 来算，约 15 万人。2000 年的统计为 30 多万，2005 年之后，由于 18 岁人口减少，大学生人数也减少，2006 年之后为 20 万左右。

3）详见郭春贵 2005。

4）最近也有些大学为了减轻学生负担，减少开支，只要求选修一门外语。

5）笔者抽样调查了 30 所大学（广岛大学、九州大学、中央大学、明海大学等）的有关 2 外汉语课程的网页。60% 的大学的 2 外汉语课程的目的是“学习汉语基础知识”，40% 的大学的课程目的为“通过学习汉语了解一点儿中国的文化社会”。

6）中央大学、立命馆大学等的目标是“掌握简单的日常会话”。广岛大学、东北大学等的目标是“掌握初级汉语基础”。明海大学、神户大学等的目标为“通过学习汉语，了解中国文化”。

7）『日本の中国語教育—その現状と課題 2002—』p.86

8）石汝杰 2004〈日本的汉语教科书及其出版情况介绍〉，《世界汉语教学》第 2 期，北京语言大学。另外根据笔者所查 30 所大学的汉语课程网页资料以及白帝社提供的大学采用教材资料。

9）『日本の中国語教育—その現状と課題 2002—』p.88

10）笔者曾对负责教导 2 外汉语课的教师进行过调查，遗憾的是回答率过低，只收到 26 名教师的回答，实难做正确的分析。另外，单从教师方面的调查，也很难得到正确的回答，故笔者也对广岛大学与广岛修道大学的学生进行调查，从学生的角度去了解教师的教学情况。双方面的调查都不全面，只能取其意见无法视为一种倾向。

11）崔永华 1999

12）Bruce Joyce 等著　荆建华等译 2002

13）『日本の中国語教育—その現状と課題 2002—』的统计，一般少则 30 多人，多则可能 100 人，本论文只取大多数大学的一般人数，大约 40 人左右。

14）張軼欧「中国語教育初級段階における課題と教育法」（第 5 回中国語

教育学会全国大会 2007 年 5 月 13 日発表論文）所作统计显示，80.9％的学生希望学习会话。郑丽芸 1997 的调查也显示大多数（34.3%）的学生要求上会话课。

15）参考日本中国语教育学会编的《中国语初级阶段学习指导纲要》（『中国語初級段階学習指導ガイドライン』）。

16）同注 15）、或参考『やさしく楽しい実用初級中国語』（郭春貴・郭久美子編，白帝社）所选 100 个语法要点，或『一歩一歩簡単実用初級中国語』（郭春貴編，東方書店）所选 96 个语法要点。

**【参考文献】**


日本中国語学会中国語ソフトアカデミズム検討委員会編 2002『日本の中国語教育―その現状と課題・2002―』，好文出版

中国語教育学会 学力基準プロジェクト委員会 2007『中国語初級段階学習指導ガイドライン』，中国語教育学会

山口雪江 2004「東京都内 100 大学（短期大学含む）における中国語教育カリキュラムの現状について」，『華容論叢』第 3 号，東京学芸大学中国語学中国文学研究室

崔永华 1999〈基础汉语教学模式的改革〉，《世界汉语教学》第 1 期，北京语言文化大学

崔永华 2005《对外汉语教学的教学研究》，外语教学与研究出版社

马箭飞 2000〈以“交际任务”为基础的汉语短期教学新模式〉，《世界汉语教学》第 4 期，北京语言文化大学

马箭飞 2004〈汉语教学的模式化研究初论〉，《语言教学与研究》第 1 期，北京语言大学

陆俭明 1998〈对外汉语教学中经常要思考的问题―为什么？是什么？怎么样？〉，《语言文字应用》第 4 期，语言文字应用研究所

陆俭明 2000〈“对外汉语教学”中的语法教学〉，《语言教学与研究》第 3 期，北京语言文化大学

陆俭明 2004〈增强学科意识，发展对外汉语教学〉，《世界汉语教学》第 1 期，北京语言大学

李晓琪 2004〈关于建立词汇－语法教学模式的思考〉，《语言教学与研究》第 1 期，北京语言大学

李晓琪主编 2006《对外汉语综合课教学研究》，商务印书馆

郭春贵 2005〈日本的大学汉语教育问题〉，《世界汉语教学》第 4 期，北京

语言大学
李泉 1996〈对外汉语课堂教学的理论思考〉,《中国人民大学学报》第 5 期,中国人民大学
李泉 1997〈第二语言教学中的功能及相关问题〉,《中国人民大学学报》第 6 期, 中国人民大学
李泉主编 2006《对外汉语课程, 大纲与教学模式研究》, 商务印书馆
程棠 2000《对外汉语教学目的原则方法》, 华语教学出版社
李世之 2001〈对外汉语教学新模式刍议〉,《语言教学与研究》, 北京语言文化大学
黄锦章、刘焱主编 2004《对外汉语教学中的理论和方法》, 北京大学出版社
刘珣 1997〈试论汉语作为第二语言教学的基本原则—兼论海内外汉语教学的学科建设〉,《世界汉语教学》第 1 期, 北京语言文化大学
Bruce Joyce 等著 荆建华等译 2002《教学模式》, 中国轻工业出版社
徐子亮 1999〈对外汉语教学的模式构建〉,《华东师范大学学报》第 4 期,华东师范大学
徐子亮 2000〈对外汉语教学的模式匹配〉,《汉语学习》第 2 期, 延边大学
郑丽芸 1997〈日本大学汉语教学一瞥〉,《世界汉语教学》第 1 期, 北京语言文化大学

# 4 第2外国語としての中国語の授業モデル再考察[1)]

## 0. はじめに

日本の大学の第2外国語としての中国語教育（以下，2外中国語教育と略す）は，日本の中国語教育において大きな位置を占めている。履修者数は1990年代から常に第2外国語の中でトップを走っている。2000年以降，大学生人口は減ったが，受講者は毎年15万人以上で[2)]，中国語学習者の大半を占めている。しかし残念ながら，2外中国語教育に関する研究はまだ少ない[3)]。授業モデルについての研究もやっと近年少し増えたが，ほとんど史有为2008や荒見泰史2008のように2外中国語の授業モデルではなく，中国語主専攻の授業モデルについて論じたものである。

授業モデルは教育方法とは異なり，具体的な細かい教え方ではなく，1回の授業デザインのことである。本論文は郭春貴2008で提案した「発音会話＋文法語彙＋文化」という2外中国語の授業モデルを検討して，日本の大学の2外中国語の授業の性質と学生のニーズに合っているかどうか，また，実際にそのモデルを教室で使うために，どのような問題点があるかについて論じたい。

## 1. 2外中国語の授業モデルについて考える前に

授業モデルは一般的に授業における教育の基本形式を指す。広い意味では，カリキュラムの編成，教材の選択，教育計画などを含むモデルも考えられるが[4)]，本論文で述べる2外中国語の授業モデルは「週2回の授業のデザイン」である。

日本における2外中国語の授業モデルについて論じる前に，2外中国語教育の目的，目標，対象，環境などについて考えなければならないだろう。

### 1．1　2外中国語教育の目的

一体，日本の大学における2外中国語教育の目的は何だろうか。筆者がランダムで40の大学の2外中国語履修サイトを調べたところ，60%が「中国語の基礎知識を学ぶ」で，40%が「中国語の学習を通して中国文化を理解する」と書いてある。つまり，ほとんどの大学の2外中国語教育は専門的に中国語を学ぶのではなく，あくまでも，教養教育（大学によっては一般教育とも言う）の外国語教育の一部であり，その目的は「中国語の基礎知識を学ぶ」か「中国語の学習を通して中国文化を理解する」となっている。

### 1．2　2外中国語教育の目標

40の大学のウェブサイトを調査したところ，多くの大学は「中国式表音ローマ字（ピンイン）を習得する，日常会話ができる語学力を身につける，基礎構文を習得する」となっているが，これは具体的とは言えない[5)]。また，「中国語検定準4級か4級に合格する」という目標を掲げた大学もあるが[6)]，中国語検定試験は一種の資格試験であり，検定協会が掲げている4級試験の認定基準が，「大学で1年学習程度のレベル」とあり，具体的な目標ではないと思われる。目標は達成できるような具体的なものでなければならないのではないか。すなわち，中国語の発音はどの程度まで教えるべきか，どのぐらいの単語を教えるべきか，どのぐらいの文法ポイントを教えるべきかというような，より具体的なものであるべきなのではないか。

## 1. 3　2外中国語教育の対象

2外中国語教育の対象は言うまでもなく，日本の大学に在学し，専攻が中国語ではない学生である。これらの学生は週1回から2回，中国語の授業がある。1クラスの受講者数は多く，平均40人である[7]。語学授業として適当な人数とは言えない。

また，近年，学力低下の問題によって，学生の学力は大学によってかなり差があり，同じ大学内でもずいぶん差がある。そのため，中国語クラスの学生の学習能力もまちまちで，教えにくいこともある。一方，最近の学生は英語以外の新しい外国語を学習するにあたって，文法よりも会話を望んでいる[8]。2外中国語教育はこの学生のニーズを考えなければならないと思われる。

## 1. 4　2外中国語教育の環境

2外中国語教育の環境は決していいとは言えない。日本の総合大学においては全般的に語学科目より専門科目，教育より研究のほうが重視され，第2外国語科目が削減される傾向が強い。これは選択必修から完全に自由選択にする大学が多いということである[9]。つまり，2外中国語教育は大学において，他の第2外国語教育と同じく苦しい立場に追い込まれている。

もともと選択必修科目としても，1年間で週2回の授業にすぎない。年間で前期，後期各30回の授業だが，前後期のそれぞれ1回目のガイダンスと最終回の試験を差し引くと，全部で56回の84時間（1回90分）だけである。中には週1回，年間28回，42時間授業の大学もある。そのような短い時間で，どの程度中国語を教えるか，考えなければならない。

大学が2外中国語教育を重視しない状況では，専任教員の採用は全く期待できない。調査によると，日本の大学の中国語教員は非常勤教員64.2%で，専任教員はわずか35.8%である[10]。しかし，非常勤教員は専任教員と異なり，本務校の仕事が忙しい，生活で忙しいなどの理由で，1つの大学での授業に全力投球できず，専任教員との協力連携もできない状況が多く，授業に統一性が欠けることも避けられない。

このような環境の中で，2外中国語教育はどうすればいいのだろうか。

## 2. 2外中国語教育の目的及び目標

中国語は外国語としての教育研究の歴史はまだ浅いが，中国国内では経済発展の影響により，徐々に研究も進んできた。50年代，60年代は構造言語学の影響で，文や文章の構造などの説明と研究が中心であったが，70年代，80年代は構造，意味論，機能の言語学の影響で，語彙の分析や文の誤用などの研究が中心になった。そして，90年代に入ると，欧米の外国語教育の影響を受けて，構造言語学と，コミュニカティブアプローチ，文化の3要素が取り入れられるようになった[11)]。

残念ながら，日本における中国語教育はこのような教育理論はまだ重視されておらず，専門にしても，2外中国語教育にしても，新しい教育の研究と実践はまだ少ない[12)]。しかし，2外中国語の学習者が毎年15万人以上という数字は無視できるはずもなく，文部科学省にしても，大学側にしても，学生に勉強させる以上，2外中国語教育をもっと重視しなければならないのではないか。また，中国語研究者も，中国語教育者もほぼ全員が2外中国語教育に携わっているであろう。それ故，双方で2外中国語教育の研究と改善をしなければならないのではないか。

今まで2外中国語教育については，文法や会話などの分野について個々の教育方法の研究はあるが，全般的な2外中国語の授業モデルについての研究はまだ少ない[13)]。しかし，教育の目的と目標を達成するには，個々の教育方法ではなく，全般的な授業モデルが必要である。モデルは目的と目標に基づいて作らなければならない。

以下，本論文が提案したい2外中国語の授業モデルについて論じる。

## 2. 1　2外中国語教育の目的

日本の大学はいつ，何のために2外中国語教育を設けたのだろうか。大谷泰照1997によると，戦後，新制大学では英語以外の外国語教育は第2外国語（ほとんどドイツ語とフランス語）として，教養科目に属して行われていた。昭和25年当時の大学基準協会の大学基準によって「学部・学科にかかわりなく2つ以上の外国語についてそれぞれ8単位以上の授業を必ず用意しなければならない」と定められた。当時は「外国語は主として原書講読に必要な専門科目の補助，専門科目の基礎」と位置づけられた[14)]。

ところが，80年代の教養単位縮小に伴って，大学での外国語教育は1ヶ国語でもよくなり，第2外国語の履修は徐々に必修から外された。1991年の大綱化によって，各大学のカリキュラム編成の自由度が大幅に拡大され，「2つ以上の外国語についてそれぞれ8単位以上の授業を必ず用意しなければならない」という法的枠組みが撤廃された。第2外国語教育は必修から自由選択へと変更されるか，あるいは単位が減らされた。また，「外国語は主として原書講読に必要な専門科目の補助，専門科目の基礎」という目的も「コミュニケーション能力養成」に変わった[15)]。

しかし，週2回程度で大人数クラスの第2外国語教育はまだ教養科目に属しており，教養の目的が失われていないと思われる。いわば「教養」と「コミュニケーション能力養成」の2つの目的が含まれていることになる。

大学の2外中国語教育は他の第2外国語教育の目的と同じく，「教養とコミュニケーション能力養成」という2つの目的があるが，週2回程度，しかも人数が多いクラスで，どのように「コミュニケーション能力養成」をするか教員側は皆，悩んでいるのではないか。本論文は1．3，1．4に述べた2外中国語の教育環境と，学生のニーズ，大学教育の目的などを考え，「中国語の学習を通して，中国の文化を理解する」を目的としたい。

## 2. 2　2外中国語教育の目標

教育の目的と異なり，教育の目標は達成したい具体的なことを指す。2外中国語は「教養とコミュニケーション能力養成」という2面性の性格を持つので，具体的な目標を立てにくいことも理解できる。そのため，1. 2で述べたように，多くの大学で2外中国語教育の具体的な目標が挙げられていないことも理解できる。しかしながら，そのままでは2外中国語教育は少しも変わらない。依然として，曖昧な目標で行き当たりばったりの教育になりかねない。本論文は1に述べた教育環境などを検討し，1年間の2外中国語教育の目標について，次のように提案したい。

### 2. 2. 1　大目標：学生に中国語と中国文化に興味を持たせる

わずか週2回，年間56回84時間の授業で「教養とコミュニケーション能力養成」という目的を達成するための一番大切な目標は，授業を通して学生に中国語と中国文化に興味を持たせることだと思われる。興味があれば，語学に限らず，自分で中国に関することも勉強できる。しかも，興味があれば，1年間の課程が終わっても，継続して勉強する可能性が高いと思われる。

問題はこの目標も曖昧で，どうやって学生に興味を持たせられたかを判断するかである。確かに，興味という目標を判断するのは難しいかもしれない。けれども，クラスの雰囲気，学生の出席率，学生の勉強の意欲などで多少なりとも判断できるのではないか。興味があれば，学生は中国語と中国文化が好きになり，当然楽しく一生懸命に勉強するに違いない。そうなれば，2外中国語の最大目標を達成したと言えるのではないか。

### 2. 2. 2　小目標1：中国語の発音の基礎をマスターする

全ての語学は発音が基礎であることは言うまでもない。中国語を習う以上，まず発音の基礎をマスターしなければならない。特に声調とピンインを聞く，読む，書くことを学生に身につけさせなければならない。これができれば，学生はいつでも，1人でも中国語を学習することができる。極端に言うと，1年間の2外中国語は発音だけ教え，学生がちゃんとマスターできたら，全てがうまくいくとも考えられる。発音がうまくできないと，コミュニケーション能力の養成もできないはずである。

### 2. 2. 3　小目標2：300の簡単な日常会話をマスターする

「コミュニケーション能力養成」の目的を考えて，簡単な日常会話を身につけなければならない。例えば自己紹介，日にち，時間，場所，買い物，電話などの言い方を覚えなければならない。そのためには，1年間で300程度[16]の日常会話文をマスターするという目標を立てるべきだと思われる。

### 2. 2. 4　小目標3：600語程度の常用語彙をマスターする

語学の初級段階の目標は発音と日常会話の他に，基本的な常用単語もできる限り教えたい。1年間56回の短い時間では，あまり欲張れないが，必要な常用単語を計画的に教える必要があるだろう。初級の段階では，「コミュニケーション能力」で大切なのは，文法より単語だとよく言われる。実際，文法が分からなくても，あるいは文法が間違っていても，単語の羅列だけでコミュニケーションができるという状況がしばしばある。したがって，2外中国語教育の小目標は，600語程度の常用単語を身につけさせることとしたい。この600という数字は中国語教育学会学力基準プロジェクト委員会編『中国語初級段階学習指導ガイドライン』(2007年）にしたがったものである。もちろん大学のレベルによって，多少は増減できるだろう。

### 2. 2. 5　小目標 4：80 程度の常用文法ポイントをマスターする

日常会話と単語の応用には，基本文法も必要であり，基本かつ常用の文法ポイントも教えなければならない。中国語専門の授業ではないので，系統的に形態素，語，文，品詞などの中国語文法を教える必要はない。初級段階では，学生が応用できる簡単かつ必要な文法ポイントを教えれば十分である。1 年間 56 回の授業では，常用文法ポイントは 80 程度が適当ではないかと思う。これも大学のレベルによって，増減は可能だろう。

### 2. 2. 6　小目標 5：簡単な中国文化を理解させる

2 外中国語教育は語学だけではなく，「教養」という目的もあるので，中国文化について簡単に紹介することも必要だと思われる。文化の紹介は教養としての教育だけではなく，語学に興味を持たせる役割もあるので，授業を通して，少しでも中国文化を理解させるのも，2 外中国語教育の目標として必要であろう。

## 3. 2 外中国語教育の授業モデル

教育環境，目的，目標を考慮して，刘询 1997，李泉 2006 が提案した「構造＋功能＋文化」という 3 要素を組み合わせたモデルがある。しかし，両氏が提案したモデルは初級で構造，中級で会話，上級で文化を分けて行うモデルなので，日本の 2 外中国語教育には適用できない。日本の 2 外中国語教育は 1 年間 56 回しかない授業で「教養とコミュニケーション能力養成」という目的があるので，同時に会話，文法，文化を教えなければ目標を達成できない。それ故，「コミュニカティブアプローチ言語学」と「構造言語学」に基づいて，郭春贵 2008 では「会話＋文法語彙＋文化」という 3 つの要素を組み合わせたモデルを提案した。本論文では更に簡潔にした「会話＋文法＋文化」という名称のモデルを提案したい。

以下，具体的に「会話＋文法＋文化」というモデルを紹介する。

## 3. 1　会話

外国語は実用性を重視する授業であり，授業の最大目標は学生にその外国語を身につけさせ，実際に応用できるようにさせ，コミュニケーション能力を高めることである。2外中国語教育は1年間56回という少ない授業では，高いコミュニケーション能力を養うことはできないが，学生が少しでも簡単な日常会話を正確に話せるようになったら，中国語に対する興味も湧き，勉強の意欲も持ち続けると思われる。また，2外中国語教育の対象の学生は，そのほとんどが会話を勉強したいという希望を持っており，そのニーズにも応えなければならない[17)]。

このモデルの重点は会話にあり，1回90分の授業で30分の会話訓練をする。会話の内容は簡単かつ実用的で，短く面白いものでなければならない。会話文は全体で4～6行がベストである。学習も復習もしやすくするために，会話文に含まれる文法ポイントはなるべく簡単で実用的なものを入れるべきである。

授業の基本方法は「たくさん聞き，たくさん読み，たくさん練習すること」である。30分間で，なるべく多く「聞く，話す」の練習をする機会を学生に与えることが肝心である。

## 3. 2　文法

このモデルで文法は授業の中心である会話をサポートしなければならない。すなわち，文法は系統的な文法ではなく，会話文の中に含まれる簡単かつ実用的な文法である。文法の説明を30分以内で行い，文法ポイントの学習を通して，会話文以外の応用会話を身につけさせる。学生のレベルによって，30分以内で3～4つ，あるいは4～5つのポイントが適当だと思われる。

とにかく，このモデルの文法は，文法の知識の伝達よりも，文法の学習を通して会話の応用力を育てることがねらいである。文法の説明はなるべく簡単にして，新しい単語を用い，入れ替え練習などを通して，文の構造と単語を同時に学習させるのである。

### 3. 3　文化

2外中国語教育の目的である「中国語の学習を通して中国文化を理解する」を考えると，このモデルでは文化の部分が無視できない。授業の最後で簡単な文化を紹介するが，普通の教養科目とは異なり，長時間詳しく話すことはしない。あくまでも学生の興味を高めるための，語学授業の補充であるので，20分以内で簡単に文化を紹介する程度で十分である。内容は政治経済など硬い話ではなく，学生が関心を持てる軽くて多様なテーマが好ましい。例えば，中国料理，中国茶，中国のスポーツ，中国の教育，中国の若者文化など。1回の授業につき1つのテーマで，写真，実物，ビデオなどを学生に見せて，興味を持たせる。

### 3. 4　前置きとまとめ

このモデルは会話30分，文法30分，文化20分，計80分で，残りの10分は授業の前置きと最後のまとめに使う。もちろん，時間の調整は自由である。大切なのは，2外中国語教育の目的と目標を達成するために，1回の授業の中に「会話」「文法」「文化」という3つの要素を含むということである。

このモデルで3つの要素に分けるもう1つの大切なねらいは，学生に授業の90分間を退屈させず，教育効果を高めることである。

## 4.「会話＋文法＋文化」というモデルの問題点

このモデルが2外中国語教育に適しているかどうかは，実行して確認する必要があると思われる。筆者がこの2年間，一部のクラスでこのモデルを実施した結果，確かに効果があると確信した[18)]。多くの学生が生き生きと楽しく中国語を勉強して，簡単な会話ができるようになった。1年間の授業が終わり，中国への短期留学を希望する学生も何人かいた。しかし，このモデルは以下の問題点が残っていることも否定できない。

## 4. 1　評価の問題

このモデルの中心は会話であるが，それに，文法と文化があり，それぞれの評価方法が難しい。文法の評価は作文テストが考えられるが，文化と会話の評価はどうすればいいか。現実に40人以上のクラスで，1回90分のテスト時間内では，3つの内容をテストするのは難しい。

実際，筆者は文化の評価は割愛せざるを得なかった。レポートを書かせる方法もあると思われるが，行わなかった。会話の評価は，筆記試験の間に1人1人別室で2分間の簡単な会話テストを行うことができる。しかし，そのためには助監督が必要である。さもなければ，筆記と会話の試験は別々に行わなければならない。それでは教員の負担が重くなるかもしれない。

## 4. 2　教員の問題

このモデルは「会話」「文法」「文化」という3つの内容に一定の繋がりがあり，また，それぞれ教え方を変えなければならない。90分の授業時間内に会話の訓練，文法ポイントの練習，文化の紹介を楽しく教えながら1つにまとめなければならないので，かなりの能力が要求される。また，3つの内容を教えるための訓練が必要なので，教員の負担がかなり重くなるに違いない。このモデルを実行するに当たり，大学側の協力と管理がなければ，教員個人の自覚と努力が必要になる。

## 4. 3　教材の問題

いかなる授業モデルも，それに適応する教材が必要である。いま日本では，このモデルに適している教材はまだ少ないので[19]，これからはこのモデルに基づいた教材の編集が必要である。各大学のレベルに合わせて，相応しいテキストの刊行を期待する。

## 5. 結び

よい授業には，目的，目標に相応しいモデルが欠かせない。筆者は長年にわたり，日本の大学で2外中国語を教えてきたが，教育内容，教育の質，教員などの問題が少なくなく，解決策を探りながら，少しずつ研究を始めた。本論文は2外中国語教育の質を高めるための授業モデル研究である。もちろんこの「会話＋文法＋文化」というモデルは，2外中国語教育に適する唯一のものではなく，あくまでも1つの提案である。このモデルに関心を持ち，研究が盛んになることを望んでやまない。

また，2外中国語の教員もぜひ中国語教育の目的と目標を考え，このモデルを試行していただけたらと願っている。容易ではないとは思うが，学生のために，ぜひ挑戦してほしい。

一方，このようなモデルを実行するために，文部科学省，大学側のよい教育環境の提供も不可欠である。学生のニーズを考えて，2外中国語教育をさらに重視し，予算を作り，非常勤教員ではなく，専任教員か契約教員の増員を望む。また，教員が研究と教育を両立できる環境を作り，教育目的と目標の設定，達成する方法などの教育の質の管理をきちんとしなければならないと思われる。

**【注】**

1）本論文は郭春貴2008に基づいて，多くの先生の貴重なご意見を取り入れて，再考察したものである。

2）山口雪江2004及び広島修道大学，広島大学2000年～2007年の資料によると，約40%の新入生が中国語を履修した。文部科学省のウェブサイト http://www.mext.go.jp により，2006年の大学生の数は603,054人，その40%は約15万人になる。

3）日本中国語学会の学会誌『中国語学』の2000年～2008年巻には中国語教育に関する論文はゼロで，日本中国語教育学会の学会誌『中国語教育』

の創刊号から 8 号には，中国語の教育方法などに関する論文はあったが，2 外中国語教育の問題に関する論文はなかった。

4）马箭飞 2004

5）中央大学，立命館大学，東北大学，鹿児島大学など。

6）松山大学，愛媛大学，甲南大学，広島修道大学など。

7）『日本の中国語教育―その現状と課題・2002―』p.86

8）郑丽芸 1997＜日本大学汉语教学一瞥＞，《世界汉语教学》第 1 期，北京语言文化大学，張軼欧 2007「中国語教育初級段階における課題と教育法」（第 5 回中国語教育学会全国大会発表論文）

9）朝日新聞 2008 年 5 月 26 日付

10）『日本の中国語教育―その現状と課題・2002―』p.88。調査した 20 校の 2 外中国語の専任教員と非常勤教員の比率は 72 名と 129 名で，専任教員は 35.8%，非常勤教員は 64.2%。

11）李泉 2006，崔永华 2005，马箭飞 2004

12）この 10 年間，日本における中国語教育に関する論文は，中国語学会の学会誌『中国語学』はゼロで，中国語教育学会の学会誌『中国語教育』の創刊号は 5 本の内 3 本，第 2 号は 9 本の内 4 本，第 3 号は 10 本の内 6 本，第 4 号は 9 本の内 1 本，第 5 号は 6 本の内 2 本，第 6 号は 9 本の内 3 本が中国語教育に関するものである。

13）同注 12）

14）田中慎也 2003，p.23-25

15）同注 14）

16）1 回の授業で 5 つの日常会話文を覚えさせれば十分だと思う。週 2 回，年間 60 回の授業で，全部で約 300 になる。

17）同注 8）

18）筆者がこのモデルを実施した広島修道大学の 3 つのクラスで，2006 年と 2007 年の 2 年間，5 点満点で平均 4.7 点，広島大学の 1 クラスで 4 点満点で 3.8 点の評価をいただいた。

19）筆者が調べた 50 冊の大学用テキストは，ほとんど会話，文法ポイントだけで，文化の紹介がない。『やさしく楽しい実用初級中国語』（郭春貴・郭久美子著，白帝社）はこのモデルに基づいて作った教材である。

**【参考文献】**

李泉主编 2006《对外汉语课程，大纲与教学模式研究》，商务印书馆

刘询 1997《对外汉语教学概论》，北京语言大学出版社

崔永华 2005《对外汉语教学的教学研究》，外语教学与研究出版社

Bruce Joyce 等著 荆建华等译 2002《教学模式》，中国轻工业出版社

関口一郎編著 1993『慶応湘南藤沢キャンパス・外国語教育への挑戦—新しい外国語教育をめざして』，三修社

田中慎也 1994『どこへ行く？大学の外国語教育』，三修社

日本中国語学会中国語ソフトアカデミズム検討委員会編 2002『日本の中国語教育—その現状と課題・2002—』，好文出版

马箭飞 2000＜以“交际任务”为基础的汉语短期教学新模式＞，《世界汉语教学》第 4 期，北京语言大学

马箭飞 2004＜汉语教学的模式化研究初论＞，《语言教学与研究》第 1 期，北京语言大学

陆俭明 1998＜对外汉语教学中经常要思考的问题－为什么？是什么？怎么样？＞，《语言文字应用》第 4 期，语言文字应用研究所

山口雪江 2004「東京都内 100 大学（短期大学含む）における中国語教育カリキュラムの現状について」，『華蓉論叢』第 3 号，東京学芸大学中国語学中国文学研究室

史有为 2008＜教学法和教学模式的解析与重组－兼及日本汉语教学中的相关课题＞，《世界汉语教学》第 3 期，北京语言大学

荒見泰史 2008「明海大学の新中国語教育システムについて—明海模式 Meikai-model の誕生と教育効果」，『応用言語学研究』No.10，明海大学大学院応用言語学研究科紀要編集委員会

田中慎也 2003「大学『外国語教育』と『大学外国語』教育」，『産研通信』No.56，桜美林大学産業研究所

田中陽子 2002「日本における英語以外の外国語教育の現状の概観ならびに EU の言語教育の理念と対策及び EU 加盟国の言語教育の状況の瞥見」，『言語文化論究』16 号，九州大学大学院言語文化研究院

大谷泰照 1997「諸外国における外国語教育改善の方向」，樋口忠彦ほか編『小学校からの外国語教育』，研究社出版

郭春贵 2008＜日本的大学二外汉语课程的教学模式探讨＞，『中国語教育』第 6 号，日本中国語教育学会

郭春贵 2005＜日本的大学汉语教育问题＞，《世界汉语教学》第 4 期，北京语言大学

郭春貴 2007「大学における第 2 外国語の中国語教育の位置づけ」，『広島修大論集』第 48 巻第 1 号（人文編），広島修道大学

# 5　週 2 回の 2 外中国語の教学モデルについて

## 0. はじめに

日本の大学における第 2 外国語の中国語（以下，2 外中国語と略す）の授業は，ほとんどの大学において週 2 回 4 単位という選択必修の形式を取っており[1]，授業が効果的であるかどうかもこの形式に深く関係があるのではないかと思われる。

これまで週 2 回の 2 外中国語の教学効果は一体どのようなものだっただろうか。何か問題はないだろうか。あるとすれば，どのように解決すればよいだろうか。どのように週 2 回の授業の特長をいかして，2 外中国語の教育の質を高めていけばよいだろうか。

本論文は広島修道大学の 16 年間の教学経験を踏まえて，第 2 外国語習得の理論に基づき，日本の大学の週 2 回の 2 外中国語の授業について論じ，新しい授業モデルを模索する。

## 1. 週 2 回の 2 外中国語の状況

2 外中国語は一般教育カリキュラムの外国語授業であり，英語と同じく，他の教養科目と比べると，1 コマ当たりの単位が半分しかない。週 2 回で 1 年間の授業（年 60 回授業[2]）でも，わずか 4 単位にすぎない。そして，ほとんどの大学で第 2 外国語授業は 1 年次に開講している。

郭春貴 2005 でも述べたように，日本の大学は，研究重視，教学軽視という教育環境にあり，専任教員の不足，カリキュラムのたびたびの変更，学生の学習意欲の低さなどの要因もあり，各大学の 2 外中国語の授業形式は主に以下のようになっている。

### 1. 1　2人の教員に1コマずつ完全に任せるタイプ

郭春貴2005に述べたように，大学は第2外国語授業をあまり重視せず，専任教員の数も十分とは言えないため，2外中国語の授業は他の第2外国語の授業と同じく，非常勤教員に任せることが多い。非常勤教員の多くは何校も掛け持ち，学生に対する細かい教育を期待することはできない。教員同士の連絡も難しいので，授業は別々に行うことが多い。教材も別々のため，学生は2冊のテキストを買わねばならず，無駄な出費をさせることになる。異なる教員とテキストであることにより，授業内容が重複し，説明の違いが生じることもある。これは，時間の無駄だけではなく，学生を混乱させることにもなり，教育効果が非常に低いと言わざるを得ない。

### 1. 2　教学内容は決まっているが，授業自体は任せるタイプ

1. 1のような問題点を避けるために，専任教員が通年の教学内容を決め，教員同士が連絡しなくてもいいように2人の教員が別々の授業内容で，別々のテキストを使って授業を行うというものである。主にネイティブの教員が会話と聞き取りを，日本人の教員が文法と読解を担当する。この形式は一見授業内容が重複しないように思われるが，実際2外中国語は入門から初級の授業なので，どうしても授業内容が重複してしまうことが多い。教員同士が連絡しなくてもよいという利点はあるが，結局，教学内容が決まっても，テキストが違うため，1. 1に述べた授業内容の重複と不統一という問題点は，依然として解決されないことが多い。

### 1. 3　1人の教員に任せるタイプ

1人の教員に2つの授業を任せるのは教員同士が連絡する必要がなく，テキストも統一できるので，時間とお金の節約になるだけでなく，授業

も行いやすくなる。しかし，時間割と非常勤教員の都合により，週2回の授業を同じ教員が担当するのは，ほとんどの大学で困難である[3)]。たとえ同じ教員が担当できても，この授業形式では，1人の教員が2つの授業を担当することになり，教員の力量と自覚が要求される。互いに連絡する必要がないので，自分の意のままに，雑談の授業に陥る可能性もある。また，学生がその教員とそりが合わなければ，授業2つともに学習意欲がなくなる可能性もある。このような授業は意識が高い教員なら問題ないが，意識が低い教員では，教学効果があまり望めない。

### 1. 4　2人の教員で統一教材を使うリレー形式の授業

授業内容の重複，時間とテキストの無駄を避けるために，多くの大学は教材を統一し，2人の教員によるリレー形式の授業を採用するようになっている[4)]。2人の教員が同じ教材を使い，発音，文法，会話，文化などを全て教え，互いにメールやノートなどで授業の進行状況を連絡し合う。この形式の授業では学生が2人の教員の良さを吸収できる。また，教員が互いに連絡しなければならず，自由気ままにはできないので，授業の質がある程度保障できるのではないかと思われる。しかし，この形式も全く問題がないとは言えない。まず，2人の教員がリレー形式で同一の教材で，発音，文法，会話などを全て教えるので，テキストに追われて，授業の重点が見えにくくなり，復習が多くなる傾向がある。そして結局どれも中途半端になる。特にテキストに追われると，テキストのポイントや文法などを一生懸命に教えて，発音や会話の訓練が疎かになる傾向がある。

以上が週2回の2外中国語の主な授業形式であるが，いずれも一長一短と言わざるを得ない。どのタイプの形式を取るかは，各大学の教育方針，教育目的，目標と教育環境（教員，カリキュラム，時間割，学生の学力レベル）によるものと思われる。以下，筆者の勤務校である広島修道大学（以下，修大と略す）の実例を述べたい。

## 2. 広島修道大学の実例

### 2. 1　歴史と現状

修大は第 2 外国語を初修外国語と称する。履修単位は 1994 年まで各学部の卒業単位は全て 4 単位だったが，1995 年から各学部の履修単位は以下のように変わった[5]。

| 年度 | 商学部 | 人文学部 | 法学部 | 経済科学部<br>（1997 年設置） | 人間環境学部<br>（2002 年設置） |
|---|---|---|---|---|---|
| 1995-1996 | 4 | 4 | 2 外で 8 | | |
| 1997-2001 | 4 | 4 | 2 外で 8 | 4 | |
| 2002-2006 | 2 外で 10 | 英語英文学科 4<br>その他 8<br>（英語 4 を含む） | 2 外で 8 | 4 | 2 外で 8 |
| 2007-2010 | 2 外で 8 | 英語英文学科 4<br>その他 0 | 2 外で 8 | 2 | 0 |

＊数字は単位数

授業の形式は 1994 年までは，1. 1 に述べたような 2 人の教員に 1 コマずつ任せ，別々の教材で別々の授業形式を取っていた。1995 年から 1998 年まで，4 単位を週 1 回の授業で 2 年に分けるという履修形式に変わった。この授業形式は連携授業をしなくてもよいという良さがあったが，入門の初修外国語なので，週 1 回 1 年の授業内容は少なく，学生に興味を持たせることもできなかった。また，1 年終了後に長いブランクがあり，その間に学生はほとんど忘れてしまい，2 年生の前期の授業は復習が多くなった。また，各クラスの進度が教員によってかなり差が出た。このような経緯があり，1999 年に，1. 4 に述べた 1 年週 2 回の，2 人の教員によるリレー形式の授業に変わり，現在（2010 年）に至っている。

修大の2外中国語の専任教員は1998年以前は1人であったが，1998年から2名になった。2010年は中国語授業は31コマになり，専任2人が11コマ，残りの20コマは10名の非常勤教員が各2コマ担当している。しかし，非常勤教員は中国人7名，日本人3名であり，週2回のリレー形式の授業から考えると，中国人教員と日本人教員のバランスは決してよいと言えない。

## 2. 2　2人の教員によるリレー形式の授業の成果

修大のリレー形式の授業は非常勤教員の多大な協力を得て，専任教員がコーディネーターとして，全学の授業をまとめている。この何年間か授業の成果が上がったことを実感している。1998年から，統一教材を使い，2004年から，試験も統一形式で行っている。年3，4回，前後期の開始と終了時に，全教員が集まり，教え方や授業の問題点を話し合う。また，互いの授業を見学し，授業の質の向上を目指す。学生からも高い評価を得ている。毎年自主的に検定試験を受ける学生が多く，また，卒業単位と関係なく，続けて中級中国語を履修する学生が少なくないことも，学生の修大の中国語授業に対する評価の表われと考えられる[6)]。

統一教材を使っているので，重複して教えることが少ないため授業内容が多くなり，4月から習い始め，11月に検定試験4級を受けて合格する学生もいる。また，統一教材なので，全学の学生が学部を超えて互いに勉強ができる。テキストの内容や中国語授業について共通の話題ができ，キャンパスライフが面白いと感じる学生もいるようである。1年終了後の学習到達レベルも大体同じである。それから，2人の教員の教え方に触れることができ，学生は違う角度から外国語の学習方法を学べ，興味を高め，視野を広げることができる。

## 2. 3　リレー形式授業の問題点

修大では11年間2人のリレー形式の授業を行い，毎学期反省会を開き，問題点を検討しながら，授業の改善に努めてきた。以下はこれまでに検討してきた問題点である。

### 2. 3. 1　復習が多い

リレー形式の授業では，毎回必ず前回に習ったことを復習する。しかし復習というより，もう一度最初から説明することが多い。勉強しない学生や復習しない学生が「わからない」と言ったら，教員はどうしても最初から説明する傾向がある。よく勉強する学生や復習している学生にとっては退屈になる。

### 2. 3. 2　2人の教員のバランスがよくない

2人の教員による1クラスの担当で理想的なのは，中国人と日本人のペアで担当することである。ネイティブの中国人教員が発音の訓練と会話の練習を，日本人教員が文法や文化などの説明を担当すれば，授業内容のバランスがよくなるのではないか。しかし，現実は中国人と日本人の非常勤教員を同数確保するのが難しく，全てのクラスで日本人と中国人の教員が担当するのは困難である。このアンバランスな状況によって，リレー形式の授業のよさが発揮できず，クラスの差も出てくるものと思われる。

### 2. 3. 3　授業の重点がない

リレー形式の授業では，2人の教員ともテキストに沿って，発音，会話，語彙，文法ポイント，文化，練習問題などを全て教えなければならないので，授業における重点がなく，いつも追われるように授業を進めなければならず，それぞれの教員の特長を発揮できない。しかも第2外国語にとって大変重要である発音をしっかりと教えられない。

# 3. 新しい授業モデルと第2言語習得の理論

2. 3で述べた，いままでのリレー形式の授業の問題点を反省しながら，新しいモデルを作るにあたり，Gass. S 1997の第2言語習得の認知プロセス：インプットの気づき，理解，内在化，統合は，日本の2外中国語教育においても，十分に参考になると思われる。

## 3. 1 インプットの気づき

学習者にどのように気づかせるか，つまり注意を向けさせるかはとても大切である。なぜならば，学習者全員が中国語に興味があって履修したのではなく，中国語についてはよくわからないが，単位が必要であり，単位が取りやすいと考えて履修する学生がほとんどだからである[7)]。このような学生に興味を持たせるために，インプットを重視する指導法が大変重要である。第2言語を習得する過程においては，いうまでもなく，その言語に大量に触れることが重要である。週2回の授業でもできる限り学生に大量の中国語に触れさせるのが望ましい。教員はなるべく中国語で授業を行い，中国語で簡単な質問をしたり，さらにテキストを音読するなどを通して，インプットする中国語の量を可能な限り増やすことが肝要であると思われる。

## 3. 2 理解

インプットの気づきと同時に，学生に中国語を理解させなければならない。その内容は中国語の発音，語彙，会話，文法だと思われる。2外の学習時間はわずか1年60回（週1回の授業は30回）にすぎないので，発音はともかく，語彙，会話，文法をどのぐらい学習させれば，理解したと言えるかである。教学内容が多すぎても，結局どれも中途半端で，学生には何も残らない。残念ながら現状の2外中国語はこのような状況が多いと思われる[8)]。したがって，新しい2外中国語教育の理解という段階は発音，語彙，会話，文法という 4 つの内容を，具体的に設定しなければならない。

2 外中国語の 1 年間 30 あるいは 60 回の少ない授業では，文法よりも，発音の基礎（ピンインの読み書きができる）をしっかり身につけさせることが重要ではないかと思われる。発音は全ての言語において伝達という重要な部分であり，発音が正しくなければ相手に伝わらないことが多々ある。とくに，日本の漢字は中国の漢字と同じものが多いが，発音は全く異なる。しかし，学生は日本語の発音に影響され，中国語の発音を間違って覚えてしまうことが多い。したがって，2 外中国語の理解のプロセスで一番重要なのは中国語の発音基礎としたい。

その次は簡単な日常会話である。2 外中国語の学生は，ほとんどが中国語専門ではなく，中国語にあまり興味がない学生が多い。そのような学生に興味を持たせるためには，文法よりも楽しい簡単な会話を中心にするのが望ましいだろう。もちろん，全く文法を教えないわけではなく，短い会話を教えながら，その中で文法を少しずつ教えていけばよい。したがって，理解させる段階では発音が第一で，その次が楽しい簡単な会話を通しての語彙と簡単な文法である。

### 3. 3　内在化

第 2 言語習得の認知プロセスの核心は内在化であるが，2 外中国語教育で，どのように学生に中国語を内在化させるかは難しい。40 人前後のクラスにおいて，週 2 回の授業で習ったことが内在化できるかどうかは，授業内容の量と難易度によると考えられる。多すぎたり，難しすぎたら，理解する段階にさえも至らず，ましてや内在化させるなど論外である。もしろん，指導方法にもよるが，たとえ優秀な学生にしても，内容が多すぎると全てを内在化するのは困難だと思われる。それ故，何を学生に内在化させたいか，教員はしっかり把握しなければならない。1 年間の授業で第一に内在化させたいのは発音と言えるだろう。発音ができれば自信がつき，学習の継続も期待できるのではないか。そのためにも，発音の指導方法をしっかり把握すべきだと考えられる。

### 3. 4　統合

最後のプロセスの統合は，内在化したものを統合して応用する段階である。学生が習った中国語をどのように統合するか，どのように応用するかは教育の成果の要ではないか。

教学内容が適切ならば，発音を中心に，簡単な会話や文法を1年間で，少しずつ指導すれば，学生は内在化した後に，必ず自信をもって，習った中国語を統合して応用できると思われる。それは小テストや聞き取り中心の試験などで結果が出るだけではなく，2年生に上がった時に卒業単位に関係なくても継続して履修することや，留学することもこの結果と判断できる。

## 4. 新しい教学モデルの作成にあたって

2007年から，大学は全入の時代に入り，多くの大学で学生の学力が低下してきている。「日本語さえできない学生に第2外国語を学ばせる必要はない」という声さえもあり，多くの大学で第2外国語は必修科目を外され，自由選択科目になった。あるいは週2回4単位の授業を週1回2単位に変更する大学も増えている[9)]。

このように厳しい現実に直面して，いままでの翻訳中心，文法中心，重点なしの随意な2外中国語の教育内容，方法がそのままでいいわけがなく，改革を急がねばならないと思われる。

新しいモデルを作る大前提として，教員の意識を高めることも欠かせない。教員は2外中国語教育の重要性と，学生の学力やニーズをしっかり把握すべきだと思われる。

### 4. 1　2外中国語教育の重要性について

はたして2外中国語は必要なのだろうか。今日のグローバル時代において，必要がないと言う人は多くはないだろう。「地球視野を持つ学生を育てる」，「国際理解力を育てる」などは多くの大学の教育理念とされており，2外中国語が必要なことはすでに社会の共通認識になっているに違いない。

実際，第2外国語は，単に外国語を学ぶに留まらず，異文化理解という大切な教養教育でもある。また，新しい言語の学習を通して，学生が学習意欲を高め，新しい学習方法を身につけることもありうる。いままで学習してきて挫折した英語とは違う観点から，やり直せることもある。これこそがまさに大学教育に求められることなのではないか。新しい時代の大学教育は専門学校と違い，同じ教育ではいけない。今日の学生にとって，教養などの学習基礎力がなければ，専門の勉強も難しくなるのではないか。そうならないようにするためにも，中国語を含む第2外国語教育は教養の一環として，その重要性を再認識する必要があるのではないか。

### 4. 2　学生の学力とニーズ

全入の時代に入ってから，学生の学力が低くなったことは認めざるを得ない。だからと言って，学生に責任を押しつけて，教育できないという考え方はどうだろうか。勉強する気があるかどうかは確かに学生の責任であるが，学力が低い学生を受け入れるのは大学側であり，受け入れた以上は教育する責任があるだろう。学生が勉強できないから，さじを投げるという考え方はもう時代に相応しくない。学生の学力とニーズをしっかり認識して，それに相応しい教育を行うことが大切なのではないか。2外中国語を含む外国語教育は学生の学力とニーズに対応できる教育内容と教育方法を考え直さなければならない時期にきている。

## 5. 修大の新しい中国語教育のモデル

以上のことを念頭に置きながら，修大の新しい中国語教育のモデルの作成を試みた。モデルを作るためには，まず，教学の目的と目標をはっきりさせなければならない。

## 5. 1　中国語教育の目的について

4に述べた2外の重要性と学生の学力とニーズを考えて，修大の理念「地球的視野を持って，地域社会の発展に貢献できる人材の育成」に基づいた中国語教育の目的は，「中国語の学習を通して，中国語と中国文化，それから異文化に興味を持たせると同時に，学習能力とコミュニケーション能力を高めさせる」ことになる。

## 5. 2　教育の目標について

5. 1で述べた教育の目的と現在の学生の状況を検討すると，1年間週2回の授業の目標は高すぎても，低すぎてもだめで，次のようなものが考えられる。

まず，中国語の発音の基礎（ピンインの読み書きと聞き取り）をしっかりマスターする。その次に400語の語彙，60の簡単な会話，60項目の簡単な文法ポイントを理解する[10)]。

## 5. 3　新しい教育モデルのねらい

2. 3で述べたリレー形式の授業の問題点を分析し，統一教材を使っても，2人の教員の特長を発揮し，さらに発音を徹底的に訓練するためには，1人が発音と会話，もう1人が文法と語彙を中心に教えるモデルが考えられる。したがって，新しい教育モデルは発音会話中心と文法語彙中心の2つのモデルが必要である。

### 5. 3. 1　発音会話中心のモデル

語学の学習にあたって，初級の段階は発音が重要であることは言うまでもない。わずか1年間の授業であまりたくさん教えすぎるのは望ましくない。せめて，大切なもの，つまり発音を学生にマスターしてもらいたいというのが，長年2外中国語教育に携わってきた筆者の考えである。発音さえできれば，学生は自信がつき，後々になっても自分で独学できる。また，日本人は漢字をたくさん知っているので，発音さえ覚えれば，すぐ多くの単語が読めるようになる。問題は発音ばかり教えると，教員も学生も退屈になりがちだということである。それ故，発音の訓練のほかに，会話を通しての発音訓練も取り入れる。

発音と会話の訓練には，聞き取りが大変重要であることは言うまでもない。したがって発音会話のモデルは主に3部分，つまり，発音，聞き取り，会話から構成される。

このモデルは，最初の1ヶ月の発音段階のモデルと，2ヶ月目以降のモデルを別々に考えなければならない。

### 5. 3. 2　1ヶ月目のモデル（発音段階）

まず断っておきたいが，いかなる教学のモデルでも完璧なものはありえないので，ここで提案するモデルは，あくまでも参考である。

2外中国語は入門の授業と考えた方がよく，最初の1ヶ月の指導がとても重要で，学生が興味を持つかどうかはこの時期に決まると言われる。教員がきちんと教学の目的，目標，ねらいを念頭に置いて，明るく学生に指導しなければならないことは言うまでもない。新しいモデルは，発音会話と文法語彙に分けるが，最初の1ヶ月は，文法語彙担当の教員も発音の授業をする。以下に1ヶ月目の発音段階のモデルを述べる。1ヶ月目は文法語彙の授業も共通である。

1. 前置き（5分）：興味を持てる社会問題，中国関係の話をして，雰囲気をほぐしてから，本授業に入れば効果的である。
2. 簡単な挨拶の会話（5分）：毎回2つぐらい“你好”“谢谢”“不客气”“再见”などを少し練習させる。2回目以降は前回習ったものの復習もする。
3. 発音授業に入る（40分）：2人の教員で行う授業は1人が指導して，もう1人が主に練習させる。第1週は声調，軽声，単母音，複母音を教える。第2週は鼻母音，第3週は子音，子音と母音の組み合わせの練習，音節表の前半，第4週は変調とアル化，数字と音節表の後半を教える。

4. 聞き取り（30分）：聞き取りの訓練は，最初にテキストを見ながらＣＤを聞かせる。次は教師の発音を聞かせる。その次は学生にテキストを見ないで聞き取らせる。最後に学生同士でお互いに問題を出しながら，聞き取りを練習させる。
5. 挨拶の会話の復習（5分）：発音練習で疲れたら，気分転換としても，もう一度，挨拶の会話の復習をさせる。今度は聞き取りの練習を兼ねて，テキストを見ないで，グループ練習，ペア練習をさせる。
6. 楽しい時間（5分）：最後に学生との距離を縮めるため，質問の時間を設ける。あまり固く考えず，「楽しい時間」と黒板に書いて，どんな質問でも認める。例えば，今日習ったこと，中国に対する疑問，外国語の学習方法，教師の外国語の学習経験など。

### 5. 3. 3　2ヶ月目からのモデル（発音会話と文法語彙に分けるモデル）

発音の授業は1ヶ月8回とし，2ヶ月目以降は，統一教材で，授業を発音会話中心と文法語彙中心にはっきり分ける。

最重要の教育目標は発音を徹底的にマスターすることだが，8回の授業で発音を身につけることは不可能なため，発音を定着させるために，発音段階を終えても引き続きピンインの聞き取り，読み方という発音の訓練を行うことが肝心である。もちろん発音ばかり訓練すると，授業が退屈になりやすいので，興味を持たせるために日常会話も教えなければならない。つまり，会話で習った会話文，文法語彙中心の授業で習った文型の例文を使って，徹底的に発音を訓練することが大切である。以下にそのモデルを提案する。

1. 前置き（10分）：1ヶ月目の前置きと同じだが，2ヶ月目からは，習った簡単な挨拶用語や会話文を使って学生に中国語で質問をする。例えば，“你叫什么名字？”“你是大学生吗？”“他是日本人吗？”など。1ヶ月に同じ質問で，形式を定着させると，学生の会話力と聞き取りの力も高められる。

2. 復習（5分）：ピンインをしっかりマスターするために，復習として，前回習ったものから3問ほど漢字とピンインを書かせる聞き取りテストをする。テストをする前に，できれば1回テスト範囲の音読をさせる。

3. 会話の本文の訓練（25分）：まず，本文を解説してから，徹底的に音読の訓練をする。1回目はピンインを見ながら，教師の後について読ませる。2回目は漢字を見ながら，少し早いスピードで教師の後について読ませる。3，4回目は学生が各自でピンインと漢字を見て，読む練習をさせる。5回目は2グループに分けて会話の練習をさせる。6回目は隣の学生と会話の練習をさせる。最後にＣＤを聞きながら読ませる。

4. 単語と文法の例文の訓練（25分）：文法語彙中心の授業で習った例文をここでしっかり音読する。ピンインと漢字の練習はもちろん，文の構造にも注意しながら音読させる。1回目はピンインを見ながら，教師の後について読ませる。2回目は漢字を見ながら，教師の後について読ませる。3回目は学生に各自で読ませる。その次に単語を入れ替えて読ませる。とにかくテキストの例文をよどみなく読めるようになるまで，徹底的に音読させる。退屈させないように，隣の学生と互いに読み合う。時には，何人かの上手な学生にリーダーとして読ませ，他の学生は後について読む。

5. 聞き取りの訓練（20分）：4の練習が終わったら，毎回必ず聞き取りの訓練をする。その課で習った単語や会話文や文の聞き取りをさせる。そしてテキストを見ないで，意味を日本語で言わせる。あるいは，ピンインを書かせる。まず教師が読み，学生に聞き取りをさせる。その後に，学生同士で互いに聞き取りの練習をさせる。

6. 楽しい時間（5分）：1ヶ月目のモデルと同じである。

## 5. 4　文法語彙中心のモデル（2ヶ月目から）

文法語彙中心の授業は徹底的に文法ポイントの説明と練習をして，音読の練習は発音の先生に任せる。ねらいは学生に簡単な文法知識と文型を理解させることである。以下はそのモデルである。

1. 前置き（5分）：1ヶ月目のモデルと同じである。
2. 復習（10分）：前回習った文法ポイントを復習する。練習問題をチェックしたり，日本語を中国語に訳させたりする。
3. 新しい課の学習（50分）：ウォーミングアップとして，1回会話の音読をしてから，各ポイントを簡潔に説明し，例文を学生に訳させる。それから，例文の単語を入れ替えて練習をさせる。時間の余裕があれば，学生に日本語の例文を作らせて，みんなで中国語に訳す練習をしてもいい。
4. 単語の練習（10分）：いままでの教授法では，単語の勉強は学生に任せて，学生が家で覚えることが主流で，授業中に単語を教えることはほとんどなかった。しかし，新しい時代の語学教育は，初級の段階では文法よりも多くの単語を覚えさせることが大切と言われ，単語の練習も授業の大切な一環として重視されてきている[11)]。そして学生に楽しく単語を覚えさせる指導法が要求されてきている。このモデルも単語の練習を授業に取り入れる。学生に各課で習った単語を覚えさせるために，教師はまず一つ一つ単語を音読練習させてから，5個ずつ隣同士でお互いに日本語を言って，中国語で答える練習をさせる。最後に教師から全員に問題を出して，みんなで答えるというような練習を提案する。カードを使って，印象づけるのもいい方法である。
5. まとめ（5分）：最後に学生が忘れないように，黒板にその日に習った文法ポイントを書いて簡単におさらいする。
6. 中国の社会，文化の紹介（5分）：学生に中国文化に興味を持たせるために，写真や絵を使って簡単な紹介をする。映像を使用したり，歌を聞かせるなど，教師の工夫に任せる。

7. 楽しい時間（5分）：発音会話中心のモデルと同じである。

## 6. 結び

2外中国語教育は総合的な科目であり，中国語の知識のほかに，日本語学，教育学，心理学，社会学，文化知識なども要求される。本論文はあくまでも2外中国語教育の発音会話を中心とする新しいモデルを提案するものである。教員がそれぞれ，自分の大学の学生の学力とニーズに合わせて，調整するのが望ましい。ただし，発音会話中心のモデルにしても，文法語彙中心のモデルにしても，教学の目的，目標を忘れてはいけない。そしてどちらの授業も学生に楽しく勉強させる工夫が不可欠である。そのためにも，教員は絶えず勉強と研究が要求され，教育に対する熱意と責任も問われる。中国語の“敬业与乐业”（職を尊敬し，職を楽しむ）という精神を見習って，よりよい2外中国語教育を実現したいものである。

**【注】**

1）筆者が全国70の大学を調査したところ，52校で2外中国語は週2回の授業であった。一部の大学は学部によって，週1回の授業もある。本論文は1学部でも週2回の授業であれば，その大学の授業を週2回とした。

2）2009年，文部科学省が各大学に1学期16回の授業を要求してきた。2010年より，1学期16回の授業をする大学が増えたが，試験日を差し引くと，実際の授業は年間60回である。

3）ほとんどの大学は週2回の授業が別の日に行われるので，週2回担当できる非常勤教員を確保するのは難しいというのが現状である。

4）関西学院大学，東海大学，京都女子大学，日本大学，島根県立大学，龍谷大学，下関市立大学などがテキストを統一している。

5）広島修道大学教務部の資料による。2011年から2014年の新カリキュラムの初修外国語の卒業単位は人文学部の英語英文学科は4，健康学部心理学科と人文学部社会学科は2，商学部は4，法学部と経済科学部は2，人間環境学部は全くの自由選択で 0 単位である。

6）2008 年度の 1 年生の中国語の履修者は総数 578 人で，2009 年度の中級中国語は（2 年生以上）3 クラスで 68 名，約 12%にあたる。2009 年度の 1 年生の中国語履修者は総数 503 人で，2010 年度の中級中国語の 3 クラスの履修者は 91 名で約 18%であった。卒業単位と関係なく，多くの学生が続けて履修するということは，授業に対する一定の評価だと考えられる。

7）郭春貴・劉国彬 2007「中国語学習を経た日本人大学生の中国に対する意識変化」，『広島修大論集』第 48 巻第 1 号（人文編），広島修道大学

8）2010 年に筆者が行った調査では，80%近い教員が授業の成果を感じることができないという結果であった。特に発音，文法の授業の成果を感じることができなかった。郭春贵〈论日本大学公共汉语课的语音教学〉（第 10 回国際漢語教学討論会，2010 年 8 月 20 日発表論文）

9）朝日新聞 2008 年 5 月 26 日付

10）この 400 語の語彙は，中国語教育学会が作った語彙ガイドラインに基づいて考えたものであるが，60 の会話と 60 項目の文法ポイントは筆者の長い教学経験から考えたものである。

11）投野由紀夫編 1997『英語語彙習得論』，河源社，望月正道・相澤一美・投野由紀夫 2003『英語語彙の指導マニュアル』，大修館書店

**【参考文献】**

日本中国語学会中国語ソフトアカデミズム検討委員会編 2002『日本の中国語教育—その現状と課題・2002—』，好文出版

李泉主编 2006《对外汉语课程、大纲与教学模式研究》，商务印书馆

国家汉语国际推广领导小组办公室 2007《国际汉语教师标准》，外语教学与研究出版社

山口雪江 2004「東京都内 100 大学（短期大学含む）における中国語教育カリキュラムの現状について」，『華蓉論叢』第 3 号，東京学芸大学中国語学中国文学研究室

輿水優 2005『中国語の教え方・学び方—中国語科教育法概説—』，日本大学文理学部

木野茂 2005『大学授業改善の手引き』，ナカニシヤ出版

杉江修治等編著 2004『大学授業を活性化する方法』，玉川大学出版部

Gass.S 1997 *Input,Interaction and the second language learner*, Mahwah, NJ:

Lawrence Erlbaum Associates.

Gass.S 2003 “Input and interaction” *The handbook of second language acquisition*， C. J. Doughty and M.H.Long（eds.）Oxford, UK: Blackwell

郭春贵 2005 ＜日本的大学汉语教育问题＞，《世界汉语教学》第 4 期，北京语言大学

# 6　论 2 外汉语课程的教学目标[1)]

## 0．前言

日本大学的 2 外汉语课程（以下简称“2 外汉语课”）的教学目标究竟是什么？这是个长期以来不太受关注的问题[2)]。虽然日本 2 外汉语课有很多客观局限，但是对于一个有共同特点的课程，而且是日本汉语学习者最多的课程[3)]，不能没有一个基本的共同目标，不应该各自为政，互不关心。为了 2 外汉语课能取得更好的效果，身为 2 外汉语课的教师与研究者，都应该共同来探讨这个不应逃避的问题。

笔者在日本从事了 25 年的 2 外汉语教学工作，深深体会这个课程经常面对种种波折，不太受重视。但客观条件虽不理想，但从教师的角度来看，还是应该为了那近 20 万开始学习汉语的学生考虑[4)]，应该把他们引进汉语的大门来，让他们喜欢汉语。

在认真考虑这个课程时，首先不得不思考这个课程的教学目标。究竟这个课程能不能有个共同的基本教学目标呢？如果可能有的话，那应该是什么样的目标呢？这是本论文所要探讨的问题。

笔者于 2010 年抽样查了日本 50 所大学网页上 87 名 2 外汉语教师的教学目标。同时也直接对 55 名 2 外汉语课的教师进行了问卷调查。本论文主要从这次调查结果来探讨日本 2 外汉语课的目标，希望能够达到抛砖引玉的作用，能引起同行们的关注。

## 1．2 外汉语教学目标

任何一种课程，都必须要有明确的教学目标，才能有良好的教学效果。2 外汉语课也许因为各个大学条件和学生水平不一，造成各大学各自为政，目标不统一。实际上，各大学的 2 外汉语课有其共同之处。那就是：都是公共外语课程，大都是选择必修的 1 年课程，1 周仅上 1 节或 2 节课，1 年顶多 30 节或 60 节 90 分钟的课。既然这种课程有这样的共同特点，那就可能找出一些共同的基本教学目标，来方便教师提高教学质量，让学生学得更好。究竟 2 外汉语课可能有哪些基本的共同目标呢？首先让我们看看目前日本各大学的 2 外汉语课程有些什么样的教学目标。笔者抽样调查了 50 所大学的网页里，抽样统计总结了 87 名教师的教学目标和情况如下：

### 1．1　综合目标为多

在 87 名汉语教师之中，“以掌握发音与基本语法为目标”的有 16 名（18%）。“以掌握听说读写综合能力为目标”的有 15 名（17%），“以掌握发音、会话、语法为目标”的也有 15 名（17%），“以掌握发音和会话，了解文化为目标”的有 4 名（5%），“以掌握发音和语法，了解文化为目标”的也有 4 名（5%），“以掌握会话和语法，了解文化为目标”的有 1 名（1%）。如果把包含发音、会话、语法、文化之中三项为目标的都归入综合性目标，则为 39 名（45%）。可见大部分的 2 外教师认为 2 外汉语课的教学目标应该是综合性的。（见表 1）。

表 1　50 所大学 87 名教师的教学目标（2010）

| 综合 | 发会语 | 发会文 | 发语文 | 会语文 | 发语 | 发会 | 发文 | 发 | 会语 | 会文 | 会 | 合计 |
|---|---|---|---|---|---|---|---|---|---|---|---|---|
| 15 | 15 | 4 | 4 | 1 | 16 | 8 | 3 | 3 | 4 | 2 | 12 | 87 人 |
| 17% | 17% | 5% | 5% | 1% | 18% | 10% | 3% | 3% | 5% | 2% | 14% | 100% |

＊发（发音）、会（会话）、语（语法）、文（文化）

### 1．2　以掌握日常会话、发音与语法为主要目标

在表 1 教师们回答的 12 项目标里，包含以会话为目标的有 7 项（54%），包含以发音为目标的也有 7 项（61%），包含以语法为目标的有 5 项（46%）。包含以文化为目标的虽有 5 项，但只有 16%。可见大多数的教师都认为 2 外的教学目标主要在于让学生掌握汉语的基本发音、日常会话和基本语法。

### 1．3　目标暧昧抽象

另外，在这次网页抽样调查中，发现很多大学的教学目标都比较暧昧抽象。如："掌握初级汉语"、"掌握汉语能力"、"掌握基本表现法"、"综合掌握汉语基础"、"掌握汉语的听说读写基本技能"、"掌握初步的交际能力"等。究竟什么是"初级汉语"、"汉语能力"、"基本表现法"、"初步的交际能力"？这些目标都很不具体，到底得教多少词汇？得教多少语法点？要让学生掌握什么样的语音程度？要让学生掌握多少常用会话句子？大部分的教师只能抽象地按着课本教，无法把教学工作具体化。谁也不敢说上完 1 年的课程，就能让大部分学生掌握好"初级汉语"或"初步的交际能力"。

## 2．教学重点

究竟 2 外汉语课的教学重点应置于何处？是语音？语法？会话？还是文化？1 年只有 60 节 90 分钟的课，而且一班人数都多至 30 到 40 人。不可能面面俱全，毫无重点地什么都教。这个问题笔者无法从网上查出，只能发问卷调查和直接询问教师。在笔者发的问卷中，55 名给予回答。让我们先看看这 55 名教师的教学重点是什么？

调查结果显示：18 名（33%）教师的教学重点为语法和会话，10 名（18%）为语音、语法、会话，5 名（9%）为语法与语音，2 名（4%）为语法与文化，8 名（15%）为语法，4 名（7%）为会话与语音，5 名（9%）

为会话，3 名（5%）为语音（见表 2）。

表 2　2 外汉语教学的重点

| 语法与会话 | 语法、会话、语音 | 语法与语音 | 语法与文化 | 语法 | 会话与语音 | 会话 | 语音 | 合计 |
|---|---|---|---|---|---|---|---|---|
| 18（33%） | 10（18%） | 5（9%） | 2（4%） | 8（15%） | 4（7%） | 5（9%） | 3（5%） | 55（100%） |

从上表可看出，包含两项重点的有 29 名，三项的有 10 名，共计 39 名（71%）。换句话说大部分 2 外教学重点都是综合性的，至少有两个重点。值得注意的是，单以语法为教学重点的教师虽只有 8 名（15%），但如果将所有包含语法的教学重点计算下去，49 名（79%）教师的教学重点都在于语法。虽然他们一定同时教会话或语音，但实际上大部分时间都可能在讲解语法。另一方面，重点置于会话的虽仅 5 名（9%），但把包含会话的都加进去，也有 37 名（67%）。而单独以语音教学为重点的只有 3 名（5%），把所有包含语音教学的加进去，也只有 22 名（39%）。可见一般 2 外汉语教学的重点依然以语法为重。语音教学不甚重视。

## 3．教学效果

在上述的教学重点之下，教学效果将会如何呢？对 55 名教师所作的教学调查结果显示：发音教学效果方面，只有 7 名（13%）认为学生（以半数以上的学生为准）掌握得不错，35 名（64%）认为差不多（勉强可以），13 名（23%）认为不行。基本语法方面，9 名（16%）认为掌握得不错，36 名（65%）认为差不多，10 名（18%）则认为不行。会话方面只有 7 名（13%）认为不错，46 名（84%）认为勉强可以，2 名（3%）认为不行。简单阅读方面，9 名（16%）认为不错，45 名（82%）认为勉强可以，1 名（2%）认为不行（见表 3）。

表 3　教师对各教学效果的满意度

| | 不错 | 差不多（勉强） | 不行 |
|---|---|---|---|
| 基本语音 | 7（12.7%） | 35（63.6%） | 13（23.7%） |
| 基本语法 | 9（16.4%） | 36（65.5%） | 10（18.1%） |
| 基本会话 | 7（12.7%） | 46（83.6%） | 2（3.7%） |
| 简单阅读 | 9（16.4%） | 45（81.8%） | 1（1.8%） |

如果把“差不多”跟“不行”加起来，在语音、语法、会话、阅读各方面，几乎都是 80% 以上不如人意。这说明教师花了不少心血，可都是事倍功半，教学效果都差强人意。这是不是由于目标太多太高造成的结果呢？

## 4．2 外汉语课程基本的共同目标

各大学学生水平不一，目标不可能一致。但完全没有一个共同的基本目标，恐怕对 2 外汉语教育也不是一件好事。至少许多新教师无从跟随，老教师容易习以为常，各自为政。结果教学质量无法提高，学生反应不好，造成学校当局认为“学习 2 外没有效果，浪费时间”而取消 2 外的选择必修课程，这样无形中会造成许多非专任教师失业喝西北风。

尽管近几年中国的经济等各方面迅速的发展促成了汉语热，学习汉语的人口增加了。可无可否认的日本大学 2 外课程却有紧缩的现象 [5)]。在笔者调查的 50 所大学里，就有 20 所大学的一些学部，2 外汉语课必修学分只有 2 学分，也就是 1 周只上 1 节，1 年就上 30 节课。1 年 30 节课能学些什么东西呢？也许再过几年由于没有效果，又可能把 1 节必修课都取消，只剩下选修课了。这对汉语教师来说不能不说是个危机。

为了解决这种危机，只有让 2 外汉语课搞出一点儿成绩来，才可能保留 2 外汉语这块园地。而要搞出一点儿成绩来，不但教师要提高教学意识，同时教学要有具体可行的目标，不能再走自由主义的道路了。有了具体可行的目标，教师才能向着该目标努力教学，学生才会学有所得，才会喜欢汉语和中国文化。这样大学方面就不可能缩减 2 外汉语课。

1 周 1 节与 2 节的 2 外汉语课，其教学目标不可能完全相同。可是，在同样是 2 外汉语课的大框架上，是不是可能有一些可行的共同基本目标呢？以下是笔者 20 多年来从事 2 外汉语教学与研究的一点儿不成熟的看法，希望大家指正。

### 4．1　培养对汉语的兴趣

張軼欧 2007、2008、郭春貴・郭久美子 2011 都提到 2 外汉语课学生的情况。一班 40 多个学生，而且大部分对汉语都不是特别有兴趣，专业也都不是汉语。学生选修汉语课大都是因为必修（选择必修），或者觉得汉语容易拿学分等。另外，近几年来，由于学生学习能力大降，大都对学习外语提不起劲儿来。面对这样的学生，2 外汉语教学目标应该是什么呢？

有些教师认为既然学生没兴趣，没心学习，那是学生的责任，教师无能为力。这虽然有一定的道理，可是如果没兴趣就不教，那么 2 外就会变成完全选修，学习人数，班数就会大减，非专任教师的工作就会面临喝西北风的危机。将来外大或汉语专业培养出来的研究生毕业也无职可就。再说，2 外汉语课不是汉语专业课，它只是大学里的一门选择必修的公共外语课，大学教育主要是通过各种各样的教养学科来扩大学生的学习兴趣，培养学生多方面的能力。因此 2 外汉语课的学生不可能都对汉语有兴趣。教师必须了解这个课程的意义，必须通过教导汉语的知识，让学生对中国语和中国文化感兴趣，同时提高学生的学习兴趣。如果学生对汉语课有兴趣，出席率肯定会高，而且会努力学习，会继续学习下去，这样 2 外汉语课就算成功了。因此，2 外汉语课的首要目标就是要让那些刚接触汉语的学生对汉语感兴趣。至于该怎么样培养学生对汉语的兴趣这个问题，以下几点仅作参考。

#### 4．1．1　教师必须敬业与乐业

只有自己尊敬与热爱 2 外汉语这个事业，才会负责投入，才会喜欢学生，才会谦虚地想方设法把课上好。自己先把自己的心态摆正就肯定能提高学生对汉语的兴趣。

#### 4．1．2　教师必须提高 2 外汉语教学的知识

教师必须不断学习 2 外汉语课所需的知识，包括专业的汉语知识，讲解用的日语知识，还有教育学、教育心理学，人生哲学、中日社会文化学等等。毫无疑问的，有广博知识的教师都能让学生尊敬，同时能让学生产生学习兴趣。

#### 4．1．3　教师尽量笑口常开，尽量多鼓励表扬学生

2 外的学生都是第一次接触汉语，而且都是年轻单纯，必须尽量让学生放松学习。因此教师得尽量笑口常开，尽量表扬学生，关心爱护学生，这样学生都会很自然地喜欢教师，喜欢教师就会喜欢汉语。

### 4．2　综合性的教学目标

既然要培养学生对汉语的兴趣，教学目标就不可能太专业，必需要有计划地综合性地教导学生一些汉语的发音、语法、会话、文化等基础知识。究竟要让学生达到什么样的目标可以因校而异。比如得教多少语法点、多少常用会话、多少词汇等。以下也是笔者研究结果的一些小意见，仅供参考。

#### 4．2．1　帮助学生掌握好发音基础

也就是得帮助学生掌握好拼音的听读写。发音是一切语言的基础，更何况汉语的发音对日本人比较难，更必须耐心地教导，帮助学生好好掌握这个重要的基础。无论如何至少得掌握好拼音的听读写。

### 4．2．2　帮助学生掌握好 80–100 个日常会话句子

学外语就是希望能跟外国人交流。年轻学生学习外语都想说一两句外语，许多调查（張軼欧 2007、2008、郭春貴・郭久美子 2011）都显示 2 外汉语学生都想学习会话。因此 2 外汉语课不能脱离教导学生一些简单的会话，而且要有计划有范围地教，不能茫无目的的什么都是会话句子，这样学生根本记不来，学不牢。所以必须选择一本会话量不多的会话教材，然后不断地复习操练背诵，让学生真正能说一些汉语的常用会话句子。

会话内容可以有很多选择，这有待研究与讨论。在没有可循的样本之前，可以尽量选择一些日常生活场面需用的一些会话用语，也可以选择常用疑问句的一些句子等等。但切记不宜多，最好是 80-100 个句子，让学生在 1 年课程内能记住，能应用自如。

### 4．2．3　帮助学生掌握 400–500 个词汇

日本中国语教育学会曾在 2007 年编过《中国语初级阶段学习指导纲要》（『中国語初級段階学習指導ガイドライン』），该大纲列的第一表为 600 词，第二表为 400 词。笔者过去曾采用第一表的 600 词编过教材，依然觉得 1 周 2 节课的 2 外稍嫌过多。面对学习能力越来越低的学生，不能过高要求，那样会造成消化不良，弄巧反拙。再说新的 HSK2 级词汇只有 300 个，而 3 级是 600 个词汇。恐怕一般大学的 2 外 1 年 60 节课，很难应付 HSK3 级的水平，也许只介于 2 级和 3 级之间的水平。因此笔者认为让学生掌握 400-500 个词汇，已经很不错了。

### 4．2．4　帮助学生掌握 60–80 个语法点

2007 年的大纲只介绍汉语的基本语法结构，而且太多太详细。要让 2 外的学生掌握，恐怕已不现实了。笔者查阅了现行的许多教材都是采用语法点的形式，也许按语法点来教导的方法还是比较受赞同。问题是要让学生学习哪些语法点。这当然也有待研究。总之不能过多，不能喧宾夺主，不能太枯燥。1 课顶多只能学习 3-4 个语法点就足够了。

#### 4．2．5 文化只能是辅导性的内容

2 外是语言课，不是文化课。不应该本末倒置地大讲文化。2 外汉语课无需制定什么文化目标，只需在教导语言中或剩下的时间给学生简单地介绍一下文化。或者为了提高学生的学习兴趣，1 年可以让学生看看一两部电影就行了。

### 4．3 综合之中，重点应置于帮助学生掌握好发音

笔者的调查结果显示，教师都尽力教好学生，可是效果都不甚理想。其原因可能是教学没有重点。2 外汉语课时间不多，学生多。没有重点的教学容易跌入流水作业，被教材所束缚，赶着教，结果教学效果都不甚满意。

2 外的汉语课，最重要的基础毫无疑问的是发音。55 名教师的调查也显示，95% 的教师都认为 2 外汉语课的重点应置于发音。可是短短的 1 年，1 周只上 1 节或 2 节课，不可能都教发音，为了培养学生的兴趣，还得教会话；为了帮助学生掌握汉语的基础，还得教语法。可无论如何，如果学生的发音掌握得不好，大概“一失音成千古恨”[6)]，会兴趣大失。而且即使学会了不少会话，掌握了很多语法，可发音不好的话，说出来的汉语，中国人都听不懂的话，学生会丧失信心，失去兴趣。因此整个 2 外汉语课的最最重点，应置于发音教学。不论教会话或语法，都必须有意识地围绕在帮助学生掌握发音，掌握好拼音的听读写，而不是只停留在纠正个别的发音错误。如果学生拼音掌握得不好，即使会查词典也不会念，而且也不会打中文电脑，那将来怎么自学，怎么继续学习下去呢？问题是教发音，老是纠正发音，可能会很枯燥，会破坏学生的学习气氛。这方面教师得研究一些适当的愉快的教学法，避免在重视发音教学时，丧失了学生学习汉语的兴趣。

## 5．小结

2 外汉语课是日本汉语教学的重地，每年近 20 万的学生学习 2 外

汉语，身为教师的我们，完全没有理由忽视这个课程，反而应该更加重视这个课程，把一些本来对汉语没有什么兴趣的学生，或者对汉语毫无知识的学生，引进汉语的大门，让他们有多一条人生的道路，多一种视野，这是从事 2 外汉语教育的教师应有的责任。因此 2 外汉语应该引起汉语界的重视。

在重视 2 外汉语教育时，首先必须先明确 2 外的教学目标，只有明确教学目标才能达到良好的教学效果。新时代的 2 外汉语课由于环境与学生的变化，教学目标不可能像以前那样只重视阅读翻译。教学重要目标最基本的是应该是置于培养学生对汉语兴趣，有了兴趣，才可能学好其他教学内容。

2 外汉语课是一门大学的教养学科，是一门公共外语，具体教学目标不可能单一，不可能只教发音或会话或语法。其教学目标应该是综合性的。发音、会话、语法等都得教。可是在短短的 1 年课程里，发音、会话、语法要教什么？要达到什么目标呢？这些都必须有所选择。要有限度。本论文提出的发音目标是要掌握好拼音的听读写，会话要掌握 80-100 个常用会话句子，词汇要掌握 400-500 个词，语法要掌握 60-80 个语法点。仅供参考。

而在综合性的教学目标里，不可能面面俱全，还得有重点。本论文认为应该以帮助学生掌握好发音为最主要目标。只有掌握好发音，其他会话和语法才可能过关。

2 外汉语课，除了重视教学目标以外，还得提高教师的教学意识。教学意识提高，能敬业与乐业，就能思考教学目标与达到该目标的教学法。

最后，笔者要借此机会感谢所有接受调查，给予合作的 2 外汉语教师。还有感谢大家提供的信息与宝贵的意见。万谢 !!

**【注】**

1）本论文为 2011 年 5 月 29 日第 9 届日本中国语教育学会大会上发表的论文〈论 2 外汉语课程的教学目标与教学模式〉改写的。会上会后获得许多老师的宝贵意见，在此深表谢意。另外，本论文删去会上发表的“教学模式”部分，集中探讨“教学目标”问题。故题目也改为〈论 2 外汉语课程的教学目标〉。

2）笔者查阅 10 年来日本中国语学会的学报『中国語学』（2001-2010）和日本中国语教育学会 9 年来的学报『中国語教育』（2003-2011），没有一篇谈论 2 外汉语教育目标的论文。

3）据日本文科省网页发表的统计，从 2007-2011 年，每年四年制大学学生人数都超过 280 万。各年级学生各为 70 万左右。2 外的学生多为一年级，而选修汉语的学生各校不一，笔者调查 10 所大学的人数为 25-40%。单纯以 25% 来计算，每年也有 17 万以上的学生选修汉语。（广岛大学为 30%、广岛修道大学为 40%）

4）同注 3）

5）据笔者调查的 50 所大学里，有 20 所大学的一些学部，都是 1 周只上 1 节课。这种 1 周只上 1 节课的大学似乎越来越多。参见「朝日新聞」2008 年 5 月 26 日。

6）北京大学著名语音学家林焘 1996 引用著名语言学家赵元任说过的“一失音成千古恨”。

【参考文献】

日本中国語学会中国語ソフトアカデミズム検討委員会編 2002『日本の中国語教育—その現状と課題・2002—』，好文出版

中国語教育学会 学力基準プロジェクト委員会 2007『中国語初級段階学習指導ガイドライン』，中国語教育学会

輿水優 2000「中国語教育の現状と課題」，『応用言語学研究』No.2，明海大学大学院応用言語学研究科紀要編集委員会

望月八十吉 1990「初級段階における中国語教育の諸問題」，『北九州大学外国語学部紀要』，北九州大学外国語学部

立石廣南 1983「大学における中国語基礎教育の目標について—学生と教科書との問題を中心に」，『研究紀要』第 28 号，日本大学文理学部人文科学研究所

瀬戸宏 1990「大学中国語教育の学習段階と学習目標試論—教養課程を中心に」，『中国語学』237，日本中国語学会

宮本幸子 1993〈日本第二外国语的中国语教育问题的探讨〉，『中国語学』240，日本中国語学会

張軼欧 2007「第二外国語としての中国語の初級教育に於ける問題と対策」,『外国語教育フォーラム』第 6 号, 関西大学外国語学部
張軼欧 2008「初級段階の中国語学習者の意欲向上を目的とする授業法の開発とその実践報告―教養語学を中心に」,『外国語教育フォーラム』第 7 号, 関西大学外国語学部
郭春貴・郭久美子 2011「週 2 回の 2 外中国語の教学モデルについて」,『広島修大論集』第 51 巻第 2 号（人文編）, 広島修道大学
孙德金主编 2006《对外汉语语音及语音教学研究》, 商务印书馆
程棠 2000《对外汉语教学目的原则方法》, 华语教学出版社
林焘 1996〈语音研究和对外汉语教学〉,《世界汉语教学》第 3 期, 北京语言文化大学
焦立为 2001〈现代语音学的方向—访林焘教授〉,《语言教学与研究》第 2 期, 北京语言文化大学
毛世桢 2002〈关于对外汉语语音教学的反思〉,《对外汉语教研论丛》第 2 辑, 华东师范大学出版社
国際交流基金 2007　日本語教授法シリーズ第 9 巻『初級を教える』, ひつじ書房
国際交流基金 2010　日本語教授法シリーズ第 13 巻『教え方を改善する』, ひつじ書房

# 7 论日本大学公共汉语课的语音教学

## 0. 前言

日本大学的公共汉语课（日本称为第 2 外国语的中国语课）一般是 1 周 2 节课（1 节 90 分钟）1 年 60 节课，也有 1 周 1 节课的。每年大约15万大学生选修这种日本公共汉语课[1)]，可是大部分学生上了1年课，基本发音还掌握不好，简单的日常会话也说不好、听不懂，甚至有不少学生对学习汉语失去了信心，拿了学分后就不再继续学习了。这究竟是为什么呢？真是“一失音成千古恨”（焦立为 2001）。

学生失去信心，不想继续学习，跟说不好、听不懂很有关系，而说不好、听不懂又跟语音教学有非常大的关系。究竟这种课程是怎么进行语音教学的呢？

本论文通过对担任这种汉语课的教师进行的一些调查，再结合自己 20 多年的教学经验，分析日本公共汉语课的发音教学的问题，进而提出一些改善语音教学的方法。

## 1. 日本公共汉语课程的特点

郭春贵 2005 对日本公共汉语课的特点已有详述，在此只简单介绍。

(1) 这种课只是日本大学素养教育课程里的一门选择必修课，即除了英语以外，学生还得从几种外语中选修另一门外语。汉语为其中之一。这种课 1 周仅 1 节或 2 节课。

(2) 教学目的仅是通过学习简单的汉语，让学生了解一点儿汉语知识与中国文化。

（3）专任师资不够，过分依赖非专任讲师，造成课程无人统筹，教学目标与教材不统一的现象。
（4）学生的专业都不是汉语，一班学生人数过多，平均为 40 ～ 50 人。

## 2．日本公共汉语课的语音教学情况

日本公共汉语课程的特点局限了它的教学效果。但这种课程，也是一种对外汉语课，况且这种课程的学生人数庞大，每年约 15 万以上，是日本汉语界的主力军，从事日本汉语教学工作的人绝对不能忽视。遗憾的是至今针对这种课程的研究调查依然甚少 2)。

笔者最近对担任这种课程的 55 名教师做了一项教学调查 3)。从以下他们的回答中，多少反映了目前这种课程的一些情况。

### 2．1　教学重点

调查显示，33% 教师的教学重点为语法和会话，18% 教师的教学重点为语法、会话、语音，9% 为语法与语音，4% 为语法与文化，15% 为语法，7% 为会话与语音，9% 为会话，5% 为语音。

日本公共汉语课的教学重点

| 语法与会话 | 语法、会话、语音 | 语法与语音 | 语法与文化 | 语法 | 会话与语音 | 会话 | 语音 | 合计 |
|---|---|---|---|---|---|---|---|---|
| 18（33%） | 10（18%） | 5（9%） | 2（4%） | 8（15%） | 4（7%） | 5（9%） | 3（5%） | 5（100%） |

调查显示，以语法为教学重点的教师虽只有 15%，但如果将所有包含语法的教学重点计算下去，70% 以上教师的教学重点都在于语法。虽然他们也同时教会话或语音，但实际上大部分时间都在讲解语法。重点置于会话的仅 9%，语音教学更少，只有 5%。

## 2．2 语音课的重视程度

在笔者调查的 55 名教师里，95% 都认为日本公共汉语课的重点应置于掌握好发音基础。可在同一调查中，竟发现 1 周 1 节课的 18 名教师里，有 67% 只上 4 节语音课，28% 只上 3 节，5% 上 5 节以上。而 1 周 2 节课的 37 名教师里，54% 只上 8 节语音课，24% 只上 6 节，11% 上 10 节，11% 上 4 节。几乎所有教师，用在语音教学的时间并不多。当然上完语音阶段后，并不意味着不教语音了，但往往为了讲语法和会话就没时间练习语音了。这也是造成学生语音无法巩固的原因。大部分教师都知道学习汉语的重点在于语音，语音学不好，语法与会话都难有成果，可另一方面在实际课堂上，都把教学重点放在语法或会话上[4)]。

日本公共汉语课的语音课时间

| | | | | | |
|---|---|---|---|---|---|
| 1 周 1 节课 | 4 节 | 12（67%） | 1 周 2 节课 | 8 节 | 20（54%） |
| | 3 节 | 5（28%） | | 6 节 | 9（24%） |
| | 5 节以上 | 1（5%） | | 10 节 | 4（11%） |
| | | | | 4 节 | 4（11%） |
| | 合计 | 18 名 | | 合计 | 37 名 |

## 2．3 目标与教材的统一

有关教学目标的调查比较复杂。有些大学没有规定目标，只让教师自己规定。结果负责 2 节课的 2 位教师目标有些统一，有些就不统一。本论文的调查定为，不论是整个大学还是个别班级，只要目标统一就归为有统一，教材的统一也是如此。

调查结果显示，45% 的大学有统一的教学目标，55% 则没统一。36% 的大学使用统一教材，64% 则没统一。这说明日本公共汉语课是一个比较随意的课程，基本上不太重视教学目标和教材的统一。这可能是大学方面不太重视这种课程，课程大多聘请非专任教师负责，而专任教师无暇统筹，造成各教各的局面。

## 2．4　教学效果

公共汉语课的教师对自己所教的课的满意度怎么样呢？在语音教学效果方面，只有 12.7% 的教师认为学生（以 50% 以上的学生为准）掌握得不错，63.6% 的教师认为勉强可以（差不多），23.7% 认为不行。在基本语法方面，16.4% 的教师认为学生掌握得不错，65.5% 认为勉强可以，18.1% 则认为不行。在会话方面，只有 12.7% 认为不错，83.6% 认为勉强可以，3.7% 认为不行。在简单阅读方面，16.4% 的教师认为不错，81.8% 认为勉强可以，1.8% 则认为不行。

事实上，所谓“勉强可以”，可能是教师比较宽容。如果把“勉强可以”跟“不行”加起来，在语音、语法、会话、阅读各方面，几乎都是 80% 以上不如人意。这说明教师花了不少心血，可都是事倍功半，教学效果不够满意。

教师对各教学效果的满意度

| | 不错 | 差不多（勉强） | 不行 |
|---|---|---|---|
| 基本语音 | 7（12.7%） | 35（63.6%） | 13（23.7%） |
| 基本语法 | 9（16.4%） | 36（65.5%） | 10（18.1%） |
| 基本会话 | 7（12.7%） | 46（83.6%） | 2（3.7%） |
| 简单阅读 | 9（16.4%） | 45（81.8%） | 1（1.8%） |

## 3．日本公共汉语课的语音教学效果低的原因

许多大学提出的教学目标为“掌握简单的日常会话”，或“掌握基础发音”，或“掌握汉语基本知识”[5)]。1 年 30 节或 60 节的课，这样的目标不算太高，可实际上许多大学都无法达到。

笔者相信日本许多大学的汉语教师都非常努力耕耘，都在想方设法

要教好学生，希望学生能喜欢汉语，喜欢中国。可是为什么语音教学效果仍然不高呢？

综合 50 多位教师的意见和笔者 20 多年的经验，笔者认为日本公共汉语课除了郭春贵 2005 所述一些客观性的教学条件问题以外，语音教学效果不高的原因基本在于以下四点。

### 3．1　教学没有重点

由于日本公共汉语课的目的仅仅是让学生通过学习汉语，了解一点儿汉语知识和中国文化，而且教学目标不清，缺少专任教师统筹整个教学工作，造成负责教师只能尽力教课而已。许多教师决定了教材后，就按着教材上课就行。教学内容无重点，语音、语法、会话、文化什么都教，什么都不专。在教学无重点之下，最容易被忽视的就是得多操练的语音教学。学生的语音训练不够，当然不能期待好的结果。

### 3．2　教材大多忽视语音训练

我调查了 100 本现有日本大学使用的公共汉语课的教材 6)，发现所有的教材的语音部分最多只有 8 ～ 10 页，语音部分一结束，就进入语法和会话课文，甚少再有复习语音的内容了。因此，大部分教师在使用这些课本时，虽然能够在朗读和会话时给学生纠音，但无法好好复习与训练语音，学生的语音大都无法巩固。

### 3．3　教师对语音教学认识有偏差

正如毛世桢 2002 所讲的，“大部分教师都认为语音教学过于枯燥，难以激发和维持学习者的学习动机和兴趣”。因此大部分教师都不在课堂上多练习语音，大都只鼓励学生在课后练习。可是大部分学生都很少课后练习，而且课后语音练习只能停留在听 CD 和朗读，究竟自己念得对还是错，没有老师指导的话，很难有成果。

还有一些教师认为学生人数多，无法进行语音训练，顶多只能讲解语法或朗读会话文章，因此都把教学重点放在讲解语法或会话上去，对

学生的发音都要求不高，结果许多学生上了 1 年课，拼音还不会念不会写。比如把“qu”念成“ku”、把“cong”念成“kong”、把“nian”写成“nien”、把“xiang”写成“shiang”等。

### 3．4　学生受汉字的干扰，忽视了语音的学习

日本学生学习汉语比其他外国人的优势是懂得汉字，许多词汇一看都能明白其意思，例如“学校”“经济”等。但正因为懂得汉字，造成许多学生容易忽视记忆汉字的读音，经常受日语读音的干扰，用日语汉字读音来念。例如，“三”常念成“sàn”，“茶”常念成“chà”。

## 4．如何提高日本公共汉语课的语音教学效果？

了解了学生语音掌握不好的原因后，以下我们想提出一些改善语音教学的建议。

### 4．1　了解局限性，确定主目标

教导任何课程都必须了解课程的特点，然后设立一种明确且能达到的教学目标。日本公共汉语课既然学习时间短且不集中，而且学生人数多，那就不能制订过高的目标，也不能没有重点地语音、语法、会话、文化什么都教。

另外也必须了解语音是一切语言的基础。发音掌握不好，那真是会“一失音成千古恨”。如果说出来的话对方听不懂，学习者真会丧失信心，因此必须让学生打好语音的基础。

还有，也必须了解日本学生学习汉语的特点。汉字与词汇对日本学生都不难，最难的是发音。如果能帮日本学生掌握好发音，那我们的教学基本上就成功了一半。

因此，笔者认为这种公共汉语课程最重要、最基本的教学目标应该置于让学生掌握好发音基础，掌握好拼音的听读写。

### 4．2 以语音教学为主，以会话和语法教学为辅

以语音为教学目标，并不意味着不教会话或语法。语音教学很枯燥，不可能 1 年所有的课都一直教语音。这不符合通过学习汉语了解中国语言文化知识的教学目的。因此这种课还必须教会话、教语法。问题是要以什么为主、怎么教。

教师如果明确以语音教学为主，以会话和语法为辅的目标，就能妥善地安排教学工作。在教完基础发音后，在教会话或语法的时候，就能尽量少讲多练，多复习语音，让学生通过学习会话与语法掌握好发音，掌握好拼音的听读写。

### 4．3 极须编写一些以语音教学为主，会话和语法教学为辅的教材

目前日本大部分公共汉语课的教材都是以会话配合语法教学的教材。大部分教师都只能跟着教材走，无法展开以语音教学为主的教学。因此，极须编写一些以语音教学为主，会话和语法为辅的教材。

### 4．4 教师要提高对日汉语教学的意识

陆俭明 2005 呼吁对外汉语教师应该提高教学意识，要热爱对外汉语工作，要提高专业知识。日本公共汉语课的教师，也都应该提高同样的教学意识，要有敬业与乐业的精神。教师只要能提高教学意识，就可能提高专业知识与教学方法，就可能帮助学生愉快地学好枯燥的语音。

## 5．小结

日本公共汉语课是一块容易被忽视的园地，一直没什么人好好去开垦。其实每年 15 万学生开始接触汉语，这些学生学习的好坏，足以影响他们将来对中国、对汉语的印象。

当了解了这门课程的意义后，从事这方面教学的教师都该齐心合力地互相研究讨论，共同把这块园地开垦成一片花园。本论文只是抛砖引

玉，提出以语音为主，会话与语法为辅的教学目标，供大家参考。不对之处，敬请指教。

【注】

1）文部科学省网页 http://www.mext.go.jp/b_menu/toukei/002/002b/1282796.htm。大学生人数 2009 年为 621800 人，以 40% 来算，约 15 万人。

2）笔者调查了日本中国语学会的学术杂志『中国語教育』2003-2010 年 8 本 66 篇论文，其中只有 2 篇论及日本公共汉语课程。

3）笔者于 2010 年 2 ～ 6 月对日本全国教公共汉语课的教师发出教学调查表，回答者共有 55 名。

4）笔者 20 多年来一直在日本大学执教公共汉语课程，深深反省自己也是只重视语法而忽视语音的教学。从 2010 年起才开始展开以语音教学为重点的教学。

5）笔者从网上查了 40 所大学的选修指南上所记载的教学目标。

6）笔者调查了近 5 年来在日本出版的 100 本公共汉语课程的课本。

【参考文献】


程棠 2000《对外汉语教学目的原则方法》，华语教学出版社

郭春贵 2005〈日本的大学汉语教育问题〉，《世界汉语教学》第 4 期，北京语言大学

焦立为 2001〈现代语音学的方向—访林焘教授〉，《语言教学与研究》第 2 期，北京语言文化大学

林焘 1996〈语音研究和对外汉语教学〉，《世界汉语教学》第 3 期，北京语言大学

陆俭明 2005〈汉语教员应有的意识〉，《世界汉语教学》第 1 期，北京语言大学

毛世桢 2002〈关于对外汉语语音教学的反思〉，《对外汉语教研论丛》第 2 辑，华东师范大学出版社

孙德金主编 2006《对外汉语语音及语音教学》，商务印书馆

日本中国語学会中国語ソフトアカデミズム検討委員会編 2002『日本の中国語教育—その現状と課題・2002—』，好文出版

# 8 对日汉语教学的突破口[1)]

## 0. 前言

日本跟中国是一衣带水的邻邦，文化友好关系渊源悠长，日语里还一直使用着不少汉字，日本的初中高中也都有“汉文”课，因此一般日本人对中国古典文学都多少有一些了解。对汉字一点儿也不陌生，这对学习汉语是一项非常有利的条件。在这样的条件下，一般来说，在日本，学习汉语的人应该很多，掌握好汉语的日本人应该也不少。可是实际上，在日本虽然学习汉语的人数很多，可是大都只学了一些入门就放弃了[2)]。而在日本大学里学习汉语专业的每年不到1000人[3)]这是为什么呢？这跟日本的汉语教学是不是有关系呢？有没有什么突破口呢？怎么寻找突破口来提高学习汉语的热潮呢？以下先简单介绍日本各方面的汉语教学，然后探讨哪方面的汉语教学才是真正的突破口？进而分析怎么突破？怎么提高日本汉语学习热潮。

## 1. 关于对日汉语教学的情况

日本的汉语教育情况，很难一言以概之，它不是均一的，有大学与高中的汉语教育，也有民间语言学校的汉语教育。各方面的汉语教育方法内容都有很大的差异。以下简单地介绍各个方面的汉语教育情况。

### 1.1 民间汉语学校和学习班

日本民办的语言学校很多，不过大多是英语学校。而汉语的专门学校只有两所：日中学院和东亚学院。日中学院设有两年制的本科班和其他短期班，东亚学院只有半年课程和其他短期班。日中学院是日本文部科学省（以下简称“文科省”）唯一承认的汉语专门学校，本科班两年制课程。每年都有近 100 人左右，可是近几年由于 18 岁人口减少，加上大学容易进，许多高中毕业生都选择上大学而不上专门学校，学院的学生人数大减。除了这两所汉语专门学校以外，其他汉语学习班都只是属于语言学校里的一种外语班。大多是每周一次课，课程不定，教学内容随意性，学生流动性都很大。

### 1．2　NHK 电视与电台汉语讲座

日本 NHK 是个半国营半民营的所谓公共广播机构，没有广告，只靠收视费经营。它的电台与电视台都有非常丰富的语言教育节目，几乎世界上主要的语言都有讲座[4)]，汉语是其中一种。电台有入门讲座（周一至周五）和应用讲座（周一至周五），每次 15 分钟。电视只有一个电视汉语讲座（周一，周五）。电台的入门讲座几乎每年都是大同小异的基础内容，供广大的听众学习入门汉语。另外应用讲座则供中级以上的听众学习，内容每年不一。电视讲座每周只播两次（一次重播），每次只有 25 分钟，内容比较多样化，有初级的发音内容，也有中级的语法会话等内容。

由于 NHK 是全国性的半国营半民营机构，概括面最大，听众观众很多，跟着电台或电视台学习汉语的人虽然无法统计，但肯定不少。不过可能不容易坚持，大多半途而废或者学了停，停了学。也有一些听众或观众跟着电台电视台学了一段时候，然后就到民间语言学校继续学习。

### 1．3　大学汉语专业课程

据文科省网页资料 http://eri.netty.ne.jp/data/uni_04.htm（2012 年），2011 年日本全国共有 780 所大学（国立 86，公立 95，私立 599 所），只有 60 多所开设有汉语专业。主要是外语大学（东京外国语大学，神户市立外国语大学，京都外国语大学，神田外语大学等）的汉语专业和

一些综合大学（东京大学，大阪大学，京都大学，广岛大学等）的中国语言文学学科。全国 7 所外大的汉语系，学习汉语的人数虽比较安定，但每年各校最多也只有 50 名左右。另外 50 多所综合大学的中国语言文学学科不是只有汉语专业，也有中国文学专业。每年各校学习汉语专业的学生也不会超过 10 个。外大的汉语系课程比较重视听说读写各方面的语言学习，各大学不一，基本上 1 周有 4、5 节汉语课。而综合大学的中国语言文学系，则兼顾文学和语言等方面的学习。基本上除了上语言课外，还得上一些文学或文化课。

## 1．4　大学 2 外汉语课程

日本许多大学都规定学生除了必修第 1 外语的英语之外，还必须从多种外语（汉语，德语，法语等）之中，选修一种外语 5)。这种课程一般叫第 2 外语（简称 2 外），是一种选择必修课。汉语就是其中之一。2 外汉语课大都安排在一年级课程里，1 周 2 节或 1 节。这种 2 外汉语课，因为是大学的基础教养课的一种，主要是培养学生对异文化的理解和学习兴趣，所以教学内容比较简单，主要是教导汉语的发音、语法等基础知识，同时也学一些简单的会话。

## 1．5　高中汉语课程

除了大学有汉语课之外，日本一些高中在 80 年代开始开设了汉语课。到了 90 年代后，由于中国经济发展迅速，日本跟中国的经济关系也日趋频繁，许多高中也跟着开设了汉语课。据文科省统计：1986 年只有 46 所，到 1999 年就增加到 372 所，后来到了 2005 年又增加到 553 所。学生人数也达 2 万多人 6)，不过，这些高中的汉语课，也是一种选修课，大多只是 1 年课程，1 周只有 1 节或 2 节 50 分钟的课。愿意学习的学生就选修，不愿意学习的也不用选。教学内容没什么规定。师资大都不是专业汉语教师，都是临时教师，甚至有些高中仅仅是请一些留学生或归国者来教，内容都是一些简单的会话或看看中国电影，介绍中国文化等。当然也有一些高中的汉语课比较正规，有系统，但这样的高中并不多[7)]。

## 2．当前对日汉语教育的诸问题

上述日本汉语教育各主要阵地的教学对象、教学内容都很不同，可以说各有其责，各有特色。笔者目前虽在大学任教，但也庆幸有机会在上述各基地任教过，对上述各个基地的教学情况多多少少了解了一点儿。以下是笔者了解的一些情况，仅供参考。

### 2．1　学习外语的风气高，环境不错

日本人可以说是全世界最热心学习外语的国民，许多家庭主妇或退休者，都或多或少利用空闲时间来学习外语。就拿 NHK 的电台和电视台的外语讲座来说，如果没人学习的话，电台不可能开设 8 种不同水平内容的英语讲座和 9 种外语的讲座。电视台也不可能播放 6 种学习英语和 8 种外语的讲座。在这么多种外语的学习讲座之中，除了英语以外，汉语学习者最多。也许汉语有许多跟日本形意相同的汉字，对日本人有一种亲近感，所以不少日本人喜欢学习汉语。

### 2．2　汉语专业师资不多

很可惜，在日本这么好的外语学习环境里，除了 NHK 汉语讲座的负责教师都是大学的汉语专业教师以外，其他汉语基地的负责教师，大多不是汉语专业的。当然并不是汉语专业的教师就能教得好，不是非汉语专业的就教不好。但是一般来说，专业总比非专业强，特别是外语的师资，绝对影响学生的学习热情和方法。而一般民间汉语专门学校的汉语师资，却大多是临时的留学生，大学方面的非专任大多是非汉语专业，这些老师又都有自己的工作，自己的专业，结果没时间进修汉语教学，造成教学效果不高，许多学生都半途而废。

### 2．3　学生流动性大

日本文化跟中国文化关系密切，可惜近代史上发生了一些不幸的战争后，两国的关系就时好时坏。一般人民大都受政治经济的影响，容易受媒体左右。中日关系好的时候，学习汉语的人就多，关系不好的时候，学习人数就减少。这反映在 NHK 的汉语讲座课本销售量降低，民间汉语学校和大学选修汉语的学生也减少。相反的，关系好的时候，各方面学习汉语的人数就增加。可以说学习汉语的人数流动性很大。

### 2．4　初级班人数多，中级以上人数大减

整个日本汉语界，虽没有调查过学习汉语的人数，可是从各个基地的招生情况，以及市面上售卖的汉语学习课本，不难发现初级学习者远远超过中级以上的学习者。各语言学校和大学的汉语班，都是初级学生远远多过中级班。比如说广岛大学每年 2 外初级班有大约 800 人左右，可是中级班学生却不到 50 个人。广岛修道大学每年一年级初级班也大约有 400 人左右，可是中级班却也不超过 100 人。另外 NHK 的电台讲座，每年都有两次新的初级讲座，而且一天播三次。而中级班讲座，一天只播两次。售卖的课本也以初级课本为多。学生难以继续学习有各种因素，不过师资和政治关系可能是两大主要因素，这方面有待调查研究。

## 3．对日汉语教育的突破口——2 外汉语教育

日本教育普及，日本国民教养素质高，热爱学习。特别是学习外语的风气可以说是世界上的佼佼者。其中学习汉语的风气也不能不说很高。但是要说特别有成果，却是所有在日本当汉语老师不敢说的。是学生学习能力差吗？还是学习环境差呢？我想都不是，但问题出在哪儿呢？怎么样能更好地提高日本的汉语学习风气和成果呢？

笔者在日本从事汉语教育 30 年，深深觉得大学 2 外汉语课是一个重要的突破口。如果能把 2 外汉语课程把握好，学习汉语的人数和水平

一定会有所提高。

## 3．1　为什么大学 2 外汉语课是个突破口？

全日本大学汉语专业的学生每年不超过 1000 人，而选修 2 外汉语的学生，每年近 16 万 8)。可以说是全日本学习汉语人数最多的基地。而大部分学生又都是从零开始，对汉语与中国的喜恶，多少会受这个课程好坏的影响。如果教师教得好，学生必定有兴趣，学习一定会有成果，必定会继续学习下去，必定会喜欢汉语，喜欢中国，学习汉语的人数就必定会增加，而且这些学生毕业后，也很可能继续学习。因此，日本大学的 2 外汉语课可以说是日本汉语最重要的基地，不能不重视。

## 3．2　2 外汉语课程面临的诸问题

大学的 2 外汉语课虽说学习人数不少，是个不容忽视的基地，可是这种课程多年来一直面临着以下种种问题。

### 3．2．1　2 外汉语课不太受重视

笔者在日本大学任教 27 年了，发觉日本大学一般都比较重学术轻技能。同样是教养科目，同样是 1 年课程，英语和 2 外的学分比一般教养学科少一半 9)。另一方面，所有大学的专业课，或英语课都有专任教师，而大部分的大学都不一定有 2 外的专任教师。有些大学可能只有德语或法语的专任教师，可是没有汉语的教师。2 外汉语课都由契约教师，甚至由非专任教师负责的大学也不少 10)。

近年来，大学方面为了节省经费，把 2 外课程变成可有可无的自由选修课程，这样选修的学生必然减少，开的课也就少。2 外课程不受重视，当然 2 外汉语课也难逃其劫。

### 3．2．2　2 外汉语课的教学内容目标不明确

2 外汉语课不但大学方面不重视，甚至连负责 2 外汉语课的专任教师也不太重视。为什么呢？因为大学方面在评职称的时候，只重视发表

的学术论文而不重视教学的评价。造成专任教师都把大部分的精力放在研究写论文上而忽视 2 外的教学。一般专任教师的任务都只是寻找非专任教师，找了非专任教师后，就把一切教学工作交给非专任教师。究竟教什么，怎么教都不太过问。可以说许多大学的 2 外汉语课是一种无人统帅的无政府状态，教学内容和目标都不明确，随意性很大。

### 3．2．3　2 外汉语缺乏师资培训

大学方面不重视 2 外汉语课，专任教师过于忙碌，无心思也不愿意花时间负责 2 外课程，对于请来的非专任教师大都没给予培训，都是让他们一边儿教一边儿摸索，甚至有些只不过是某大学的中国经济或历史文化的专任教师，或者是非汉语专业的中国留学生，或者仅仅是中国人就被请来教 2 外汉语。这些教师一请来就让他们给学生上课，教好教坏一般都不过问。

### 3．2．4　2 外汉语课的学生多，学习水平和学习兴趣都不一样

由于大学方面不太重视 2 外汉语课，而且认为 2 外是一般教育科目，不是专业汉语课，所以每班学生人数都比较多。有些大学多达七八十人，最少的也可能 30 人左右。对语言课来说，人数过多，确实不好教，学生的练习机会也不多，教学效果肯定不好。

虽然 2 外汉语课的学生都是一年级学生，都是从零开始学习的。可是学生的学习能力水平都很不一样，学习兴趣也不一样，有的积极爱学，有的只为了学分勉强上课。各种各样的学生都有。如果没有培训过或是没有经验的教师，大多不知如何教起。结果造成学生学习兴趣大降，勉强上完 1 年课就了事，大多不继续学习下去。

### 3．2．5　2 外汉语课有被缩减的趋势

2007 年之后，日本全国 18 岁人口大减，大学经营大受打击，好多大学都已降低入学水平，几乎是来者不拒。也就是到了日语所说的“全入时代”。尽管进入全入时代，可是由于人口少，许多大学还是招不满

学生。结果经营出现大问题，为了节俭开支，只能减少开设一些不必要的课。2 外就被认为是其中之一。许多大学已从 2007 年开始把 1 周 2 节的 2 外汉语课改为 1 节，或者把选择必修课改为完全自由的选修课。总之 2 外汉语课目前面对的一个严峻的问题就是有被删减的危机[11)]。

## 4．怎么改善 2 外汉语课程？

如同 3.1 所述，2 外汉语课是日本汉语教育的突破口，如果 2 外汉语教育搞得好，每年 16 万左右的学生只要有十分之一继续学习，就能带动整个日本学习汉语的风气。可是正如 3.2 所述，它面对的问题和危机都是非常严峻，多年来一直不太受重视，这块基地已经到了该突破的时候了。问题是该怎么去挽救这个危机？怎么去解决改善那些问题呢？这些都是所有在日本大学从事汉语教育工作者应该思考的问题。以下是笔者多年来从事 2 外汉语教学的一些感受和经验，仅供大家参考，希望有助于大家改善 2 外汉语课，改善自己的一些教学法。

### 4．1　了解 2 外汉语课的性质

在思考怎么改善 2 外汉语课的问题时，首先必须好好思考 2 外汉语课的性质，思考日本大学真的有必要选修 2 外汉语吗？而不是大学让我们教我们就教，不让我们教我们就不教。必须了解日本大学的 2 外汉语课，跟其他教养学科一样，是一门教养科目，不是专业汉语，不能光教汉语。它是要培养学生对异文化的理解，同时又通过学习汉语，提高学生的学习兴趣和能力。但是它又跟其他教养学科不一样，它是一门即是语言知识课，又是技能训练的课。既要适当地讲解知识与文化，又要适当地训练语言。要清楚这是一门教养学科里的语言课，主要是通过学习语言，了解异文化，提高学习能力。这样的课，对大学生是完全有必要的。专任教师应该让大学当局了解这点，让大学给予学生这个机会。而不管专任或非专任，都应该珍惜这个机会，共同教育学生，提高学生的学习能力。

## 4．2 提高 2 外汉语教学的意识

陆俭明 2005 曾呼吁对外汉语教学的教师必须提高三大教学意识：①要树立很强的学科意识，②要树立很强的学习，研究意识，③要树立自尊自重的意识。2 外汉语的教师也是对外汉语教师，同样必须提高自己的这三大意识。要认清 2 外汉语教学的任务不仅能够培养学生对中国语言文化的兴趣，对中国的友好感情，同时也能培养学生的学习能力与兴趣，帮助学生成长。因此不能光教语言就了事。还得教导学生怎么学习语言，怎么了解中国文化等等。这些都要求我们当 2 外汉语的教师必须提高意识，去努力从事教学工作。千万不能以为自己是中国人就能教好汉语，要深切了解对外汉语是一门综合性的学科，要求教师除了汉语知识以外，还要具备教育学、心理学、社会学、人生哲学、日语等知识。

## 4．3 要端正好自己的心态

在提高自己的教学意识之后，接下来就应该摆好心态去面对 2 外汉语的种种困难。2 外汉语工作条件很复杂很艰苦。但是如果我们不去积极解决这些难题，只是做一天和尚敲一天钟的话，总有一天，2 外汉语课肯定会被缩减和删除。因此，首先我们要了解当一个 2 外汉语教师的使命和任务，端正自己的心态，端正自己的教学态度，从自己做起。对于大学的客观条件，不要只看到难处，不要以为学生不想学习，或者学习能力低，就随便应付。应该想想 2 外的重要性，想想能够通过 2 外汉语课，培养学生对中国语言和文化的了解，培养学生对学习汉语的兴趣等好处。即使学生水平低，也应该想出适合水平低的教学方法，应该因材施教。

尽量把一切困难放在一边儿，尽量从 2 外汉语课的重要性与自己的责任与任务去从事这项工作。也许要面对许多困难，也许不能马上有什么成果，但只要我们以敬业与乐业的精神来对待这项工作，我相信总有一天学生一定会喜欢我们，喜欢中国语言文化，会继续学习汉语。那就达到了 2 外汉语的目的了。

总之，摆正心态就是要敬业与乐业，要尊敬和感谢自己的 2 外汉语教学工作，同时要愉快地进行教学工作。感谢工作就是感谢大学给予工作，感谢同事与学生。只有在持有感谢的心态，才会敬业与乐业，才会爱每一个学生。不应该说“我尽力教就是，爱学不学是学生他们的事儿”那样不叫尽力，而是逃避困难。在了解 2 外汉语的性质时，就应该热爱这项工作，热爱每一个学生。当然不是每个学生都能达到自己的教学目标，但是热爱 2 外汉语教学工作，爱每一个学生的话，一定能在课堂上表现出来，学生们一定能感受到教师的爱，这样的 2 外汉语课就已经成功一半了。

## 4．4　必须进行学习与研究 2 外汉语所需的知识学问

郭春贵 2012 对 2 外汉语课的调查显示，近 80％的 2 外汉语教师认为自己的教学效果不佳。可是另一方面，对 2 外汉语教学的研究又不多。不管怎么样，如果不具体展开 2 外汉语课的学习与研究，2 外汉语课的质量就难以提高。

2 外汉语是门综合性的学科，除了汉语知识以外，教师还必须学习一些外语习得、外语教学法、教育学、心理学、社会学还有日语等知识。这些知识不必很专业，但至少应该了解。必须做到心中有数，在教学上才能应用自如。

另外进行一些研究课题也是很重要的。只有研究，才能加深对 2 外汉语教学的认识。其实 2 外汉语值得研究的题目不少，比如说“2 外汉语可采用的教学法”，“2 外汉语的语法点”，“2 外汉语的语音教学的要求与宽容度”，“外汉语的会话教学内容研究”，“对外汉语课的学生习得问题”等等。

除了个人进行研究以外，“中国语教育学会”也许可以做个带头人，可以举办有关 2 外汉语教学的进修班或座谈会，也可以在大会上鼓励大家展开 2 外汉语教学的研究，同时也可以鼓励会员互相观摩教学。这些都可以促进会员互相探讨一些教学问题，从而提高各自的教学质量。

## 5．小结

日本跟中国是一衣带水的邻邦，而且日本人对汉字不陌生，但是热潮并不能说很高。而日本学习汉语的人数也不能说少，至少在日本大学学习 2 外汉语课的学生，每年都有 16 万以上。这块汉语基地可能是日本汉语界的宝地，要是 2 外汉语教师都能重视这个课程，一起努力耕耘，那么每年只要 1 万学生继续学习汉语或到中国去留学的话，整个日本学习汉语的热潮肯定会高涨。所以说 2 外汉语课是日本汉语教育的突破口。但这个突破口的难关重重，想要突破并不容易。但不论有多困难，身为 2 外教师的我们，必须要努力去提高教学意识，摆正心态和充实自己。只要 2 外汉语教师能够敬业与乐业，学生就会喜欢教师，就会喜欢汉语，大学方面就会支持 2 外汉语课，这样日本的汉语教育也一定会被调动起来。

**【注】**

1）本论文于 2011 年 11 月 23 日在西日本地区汉语教学教法研讨会上发表后，吸收多位同行的指教改写的。

2）日本大学的 2 外汉语课程，每年近 15 万人选修汉语，可是大部分的学生仅学习 1 年就放弃了。上二年级后继续学习的学生不多。广岛大学 2009 年、2010 年的一年级选修汉语课的学生近 800 人，可是上了二年级后，继续学习的不到 50 人。广岛修道大学同时期的一年级为 500 人左右，二年级继续学习的不到 100 人。

3）日本的外语大学不到 10 所，设有汉语专业的综合大学虽然有 50 多所，但每年选修汉语专业的学生总数不超过 1000 人。以广岛大学的中国语言文学专业为例，2009 年、2010 年都只有 2 名学生。

4）电台英语讲座有 8 种不同水平内容的讲座。除了英语还有 9 种外语讲座（法语、德语、西班牙语、意大利语、俄语、韩语、汉语、阿拉伯语、葡萄牙语）。电视台有 6 种英语讲座，另外还有 8 种外语讲座（只比电台少了葡萄牙语）。

5）最近也有不少大学已经放弃选择必修，只让学生自由选修了。朝日新

聞「変わりゆく第2外国語　英語以外は縮小傾向」2008年5月26日付。

6）文科省高中学校国际交流情况资料。http://www.mext.go.jp/b_menu/houdou/25/04/（2013年）

7）『日本の中国語教育—その現状と課題・2002—』，『いま高校の中国語教育を問い直す』

8）文科省统计，2006至2011年的大学生为260万左右。每年大学一年级的学生有65万以上，以25％选修汉语来说，就有16万以上。以30％来说就有19万人。

9）文科省规定一般教养课1年4学分，而英语和2外语言课1年只能有2学分。只要科目名称是“XXX语”，1年就只能2学分。因此有些大学就想尽方法，把语言课的名称改为“XX文化语言”，或者“XX交际语言”等等，以便让学生能在获得4学分。

10）『日本の中国語教育—その現状と課題・2002—』的调查统计，65％大学的汉语课都由非专任教师上。笔者调查获悉，国立的岛根大学就没有专任的汉语教师，只有3名契约讲师。广岛尾道市立大学，广岛国际学院大学，比治山大学就没有专任的汉语教师，所有的汉语课都由非专任教师负责。

11）同注5）

**【参考文献】**

日本中国語学会中国語ソフトアカデミズム検討委員会編 2002『日本の中国語教育—その現状と課題・2002—』，好文出版

輿水優 2000「中国語教育の現状と課題」，『応用言語学研究』No.2，明海大学大学院応用言語学研究科紀要編集委員会

国際文化フォーラム編 1996『いま高校の中国語教育を問い直す』，国際文化フォーラム

望月八十吉 1990「初級段階における中国語教育の諸問題」，『北九州大学外国語学部紀要』，北九州大学外国語学部

陆俭明 2004〈增强学科意识，发展对外汉语教学〉，《世界汉语教学》第1期，北京语言大学

陆俭明 2005〈汉语教员应有的意识〉，《世界汉语教学》第1期，北京语言大学

張軼欧 2007「第二外国語としての中国語の初級教育に於ける問題と対策」，『外国語教育フォーラム』第6号，関西大学外国語学部

張軼欧 2008「初級段階の中国語学習者の意欲向上を目的とする授業法の開発とその実践報告—教養語学を中心に」,『外国語教育フォーラム』第 7 号, 関西大学外国語学部
郭春贵 2005〈日本的大学汉语教育问题〉,《世界汉语教学》第 4 期, 北京语言大学
郭春貴 2007「大学における第 2 外国語の中国語教育の位置づけ」,『広島修大論集』第 48 巻第 1 号（人文編）, 広島修道大学
郭春贵 2008〈日本的大学二外汉语课程的教学模式探讨〉,『中国語教育』第 6 号, 日本中国語教育学会
郭春貴・郭久美子 2011「週 2 回の 2 外中国語の教学モデルについて」,『広島修大論集』第 51 巻第 2 号（人文編）, 広島修道大学
郭春贵 2012〈论日本大学 2 外汉语课程的教学目标〉,『広島修大論集』第 52 巻第 2 号（人文編）, 広島修道大学

# 9　1 周 2 节课的 2 外汉语教学模式探讨 [1)]
## ——以广岛修道大学为例——

## 0．前言

日本大学第 2 外语的汉语课程（以下简称“2 外汉语课”）的学生多，水平不一，学习目的也不清。应该教什么？怎么教？选择必修好还是自由选修好呢？1 周 1 节课好还是 2 节课好呢？到底这个课程的教学目的和目标该是什么呢？怎么提高 2 外汉语课程的水平呢？有没有什么教学模式能促进 2 外汉语课的教学成果呢？这些都是我们从事 2 外汉语教育工作者经常思考的问题。

根据笔者所做的调查 [2)] 显示，目前 2 外汉语课大多是 1 周 2 节的 1 年课程，所以本论文只针对 1 周 2 节课的教学模式来探讨。先介绍笔者调查了解的一些教学模式的情况，再结合笔者任职的广岛修道大学 [3)]（以下简称“修大”）的教学模式，来探讨适合 1 周 2 节课的 2 外汉语教学模式。

## 1．1 周 2 节的 2 外汉语课程情况

2 外汉语课是日本大学一般教育课程的一环，多设置于一年级，可学分比其他教养课少一半。一般教养学科 1 周 1 节课，1 年就能拿 4 个学分，可是公共外语（包括英语）1 周 2 节的 1 年课程仅能拿 4 个学分。这反映了日本大学重研究轻教育，重学术轻技能的一面。在这种教育环境里，2 外汉语课的专任教师（以下简称“专任”）不足，教学意识不高，都造成教学模式非常随意。以下是笔者调查了解的 1 周 2 节课的几种主要教学模式。

### 1．1　两位教师各自为政的模式

2 外汉语课专任教师不足，造成大部分课多由非专任讲师（以下简称“非专任”）负责[4)]。而非专任大多兼教几所大学，很难给学生做细致的指导，也很难跟其他教师配合，因此许多大学都采用由两位教师各自负责的教学模式。这种模式优点只在于自由，教师能各自决定自己的教学内容与方法。但严重缺点在于各自为政。虽是教同一个班，可是两位教师互不联系，造成学生无所适从。甚至有些大学 2 节课的两位教师竟用两本不同的教材。内容重复，讲解不一，教学效果差。

### 1．2　两位教师分工但不联系的模式

这种模式是由专任决定基本教学内容，大多规定 1 节为听力会话课，多由中国教师负责；1 节为语法课，多由日本教师负责。两位教师按专任的指示，各自选择教材，各自教课，不必联系配合。这种模式表面上好像有所分工，实际上由于不必联系，各自采用自己选择的教材，依然存在各自为政的弊病。2 外汉语课是一种入门课，从发音到语法，如果使用两本不同的教材，总会出现重复的地方。再说语法不懂，怎么训练会话呢？结果会话课也不得不教语法了。

### 1．3　完全由一位教师负责的模式

有些大学为了解决非专任难以联系的问题，尽量安排同一个班的 2 节课都由一个教师负责。这种模式的好处是同一个教师教一个班，教材统一，不必联系。可这种模式要求教师的自觉性很高。因为没有互相督促的老师，教师经常会出现我行我素，随意讲课的情况。另外如果学生跟那位教师合不来的话，没有另一个教师的补救，学生的学习情绪容易受影响。因此，这种教学模式由经验丰富、自觉性高的教师负责则能达到事半功倍之效。反之则容易造成教学散漫，效果低拙的问题。

### 1．4　两位教师接力式教学模式

为了避免教学内容重复，为了提高教学质量，一些大学全校统一教材或同一个班两位教师使用统一教材。两人接力式地按着教材教发音、语法、会话等所有的内容，课后互相用邮件或联系本联系。这种形式改善了不联系的弊病，取得了互相帮助，互相督促的优点，学习内容（语法点和词汇）也比前三种多，进度有所提高。但另一方面，由于接力式的压力，造成两位教师都被教材赶着上课。同时两位教师都教发音、语法、会话、词汇等内容，造成教学没有重点，内容多，学生难以消化。

## 2．修大尝试过的教学模式

### 2．1　必修学分

修大把第2外语课称为“初修外国语”，1960年成立四年制大学以来一直都保留了1周2节课的形式。必修学分在1994年之前各学部均为4个学分，1995年后各学部做了以下的更改。

| 年度 | 商学部 | 人文学部 | 法学部 | 经济科学部 | 人间环境学部 |
|---|---|---|---|---|---|
| 1995-1996 | 4 | 4 | 8<br>（包括英语） | 未开设 | 未开设 |
| 1997-2001 | 4 | 4 | 8<br>（包括英语） | 4 | 未开设 |
| 2002-2006 | 10<br>（包括英语） | 英语学科4<br>其他8<br>（包括英语） | 8<br>（包括英语） | 4 | 8<br>（包括英语） |
| 2007-2010 | 8<br>（包括英语） | 英语学科4<br>其他0 | 8<br>（包括英语） | 2 | 0 |
| 2011-2014 | 4 | 英语学科4<br>其他2 | 8<br>（包括英语） | 2 | 0 |

＊数字为必修学分

### 2．2　教师阵容

2013年修大2外汉语课共19班38节。两名专任负责9节课（另负责中级班2节），10名非专任负责29节（4名负责4节、1名负责3节、5名负责2节）。非专任的课占76%。

### 2．3　教学模式

1994年以前为1.1各自为政的1周2节课模式。1995-1998开始统一教材，改为1周1节课的2年课程，由1名教师负责1节课的全年课程。这主要是考虑非专任无法联系的原因。可是1周1节课所学的内容少，而且不集中，造成学生学习散漫培养不起兴趣来。加上一年级之后春假的空白，造成上了二年级后还得不断复习，结果2年课程所学内容不多也不巩固。于是1999年又恢复了1周2节课的形式，不过采用了1.4的接力式教学模式。后来每年都检讨了接力式模式的缺点：赶着上课，教学没有重点，学生学得不扎实，学了1年发音也没掌握好，简单的会话也说不出来。于是从2011年开始改用了既分工又合作的新教学模式。

## 3．分工合作新教学模式的思考

### 3．1　制定新模式的背景

2007年日本大学进入“全入时代”（考生都能考上大学），学生水平大降，出现“连日语都掌握不好的学生，没必要学习第2外语”的论调，许多大学都把2外改为选修，甚至把1周2节课改为1周1节课[5)]。在这种严峻的背景下，2外汉语课的教学内容、模式、方法，不能不改革了。

但怎么改革呢？谁来改革呢？作为2外汉语课的每一个教师都希望2外汉语课有所改革，但是非专任是心有余而力不足，这个改革重任只能由专任挑起。如果专任无动于衷，非专任是无能为力的。如果不改革，学生学习情绪肯定会越来越低落。如果学生学习毫无兴趣的话，大学方面就有借口取消2外汉语课的选择必修的必要性，就会把2外汉语课改为完全选修的课程。这样2外汉语课的生命就会越来越衰弱。在这种严峻的背景之下，修大专任不得不跟非专任一起磋商改革大事了。

## 3．2　重新考虑2外汉语课的重要性

在思考改革教学模式的时候，首先面对的一个大问题就是到底2外汉语课对新时代的学生有没有必要必修？它到底有多重要？对这两个问题，我们是从以下三方面来重新考虑2外汉语课的重要性。

### 3．2．1　结合大学的教学理念来思考

首先我们考虑的是修大的教育理念："培育有地球视野和国际理解能力的学生"。既然是要培养学生具有地球视野和国际理解能力的学生，那么多学一种外语是有好无坏。除了英语以外，2外还是必不可少的学科。汉语是其中一门，让学生在几种外语里自由选择，选择之后，就得必修，否则学生没有压力就可能随便应付。

### 3．2．2　客观理解2外汉语课的性质

2外汉语课不是专业课，只是教养学科的一门课。这门课不仅是培育学生对汉语与中国的理解，更重要的是跟其他学科一样，是通过学习来培养学生的学习能力与修养。所以2外汉语课的内容不能太专业，不能太难。

### 3．2．3　了解新时代学生的水平与须要

必须承认新时代学生的学习能力降低了，但不能把责任都推给学生。学生不学习当然有责任，但大学既然把他们录取进来就有责任去教导他们。2外汉语课跟其他学科一样，教学内容与形式都必须根据学生的水平来设定，教学法也必须适合学生的水平。

## 3．3　重新考虑2外汉语课的目的

了解了2外汉语课的重要性及其性质后，还必须了解2外汉语课的

目的不在于培养汉语专业人才，也不是毫无目的可有可无的语言课。新的 2 外汉语课至少应该有以下两大目的：

### 3．3．1　培养学生的学习兴趣与学习能力

2 外汉语课既然是大学里的一门教养学科，那么其教学目的就跟其他教养学科一样，也是通过学习来培养学生的学习兴趣和学习能力，只不过 2 外汉语课是通过学习汉语来培养学生的兴趣与能力。

### 3．3．2　培养学生对中国语言文化的理解与兴趣

2 外汉语课不但要培养学生的学习兴趣与能力，还要通过学习汉语来培养学生对中国语言文化的理解与兴趣，这也是培养学生对异文化的理解能力。

## 3．4　重新考虑 2 外汉语课的教学目标

根据 2 外汉语课的目的，我们重新考虑 2 外汉语课的教学目标。我们认为目前的 2 外汉语课的教学内容必须是综合性但要有针对性，目标不能过高也不能过低。发音、会话、语法都得有个要求，但不能没有重点。应该考虑以下三大目标：

### 3．4．1　培养学生对学习汉语的兴趣

2 外汉语课既然不是专门的汉语课，教学目标就不能只放在教多少汉语，更重要的是要通过学习汉语培养学生对汉语的兴趣。要让学生不缺席，喜欢上汉语课。学生如果喜欢汉语课，肯定会努力学习。学生能够自己努力学习，教学就成功一半了。

### 3．4．2　要让学生掌握好汉语发音的基础

2 外汉语课是入门的综合课，但不能毫无重点地什么都教。2 外汉语课仅仅是 1 年 1 周 2 节的课，最重要的是打好语音基础。语音是语言的基础，语音是传达意义的重要手段。语音学得好，基本上就成功一半

了。如果语音掌握不好，即使语法掌握得再多，会话学得再多，都无法正确地传达自己要表达的意思，学习信心会受打击。因此在入门课里，除了培养学生的兴趣以外，必须要让学生掌握好发音基础，掌握好拼音的听读写。

#### 3．4．3 要帮助学生掌握好一定的词汇、语法点和常用会话句子

除了发音基础外，2外汉语课也得教词汇、语法和会话。问题是要教多少词汇？多少语法点？多少会话句子？由于2外汉语课时间有限，所以不可能太多。各个学校水平不一，教学目标也不可能一样，但必须要注意2外汉语课的特点，教学目标绝对不能过高，不能让学生消化不良。从我们的经验来看，1年课程的目标，让学生掌握好400个词汇，60个语法点，80句常用会话就差不多了。

以上三大目标顺序为：兴趣 ⇒ 发音 ⇒ 词汇、会话、语法

### 3．5 2外汉语课的教学新模式与习得理论

在反省了1.4模式的缺点之后，我们参考了Gass.S 1997的第2语言习得的四个认知过程：感受输入→理解→内在化→统合。我们认为2外汉语课也应该把这四个习得的认知过程应用出来。

#### 3．5．1 感受输入

让学生感受大量的汉语输入。1周2节课至少有1节课的教师尽量说汉语或者让学生多听汉语CD。我们尝试安排中国老师尽量说汉语和训练听和说。

#### 3．5．2 理解

大量的汉语输入之后，一定要让学生对输入的内容有所理解。所以至少要有一个日本教师或精通日语的中国教师负责讲解会话课文、词汇与语法要点。同时为了让学生尽量完全理解，教学内容就不能太多太复杂。

### 3．5．3　内在化

教师通过大量的反复操练、背课文、听写、大声朗读、做作业和小测验等来让学生尽快地把学过的汉语记住，使汉语内在化而能成为自己的一部分技能。

### 3．5．4　统合

教师尽量帮助学生把内在化的内容统合起来，使用出来。让学生多发表会话，多用学过的语法与会话句子跟学生交谈，问问题，也让学生互相问问题。

## 4．以发音为主的“分工合作教学模式”

在思考新时代 2 外汉语课的目的与目标以及参考第 2 外语习得理论后，修大从 2011 年开始采用了以发音为主的“分工合作教学模式”。所谓分工就是一位教师上发音会话课（以下简称“发音课”），另一位老师上词汇语法课（以下简称“语法课”）。所谓合作就是使用统一教材，互相配合联系，两者都重视发音的学习。整个模式分两个阶段。

1. 发音统一阶段（约 1 个月 8 节课）: 两位教师合作接力讲解和练习发音，尽量在 8 节课内让学生理解和掌握发音基础。
2. 语法发音分工阶段 : 进入学习课文阶段后，马上分语法课和发音课。先由负责语法课的老师讲解课文内容和语法点，然后下 1 节课由发音课的老师进行朗读、复习发音和训练会话。课后用邮件或本子互相汇报上课内容和学生的学习情况。

统一教材是使用以发音为主，会话和例句简单（仅用 400 个常用词编写，每课只有三个基础语法点）的『400 語で学ぶ中国語入門』（郭春貴・郭久美子著，白帝社）。

### 4．1　发音阶段的教学活动内容

发音阶段是接力阶段，两位教师接力讲解与操练。教学活动内容基本如下：

① 开场白（5分钟）：为了制造轻松气氛准备上课，随便跟学生聊一些轻松的话题，比如体育、打工、大学生活等话题。

② 学习与复习问候语（5分钟）：为了引起兴趣，可以尽早学一些简单的问候语，如“你好！”“谢谢”等。每次都按课本学习与复习2、3个问候语。

③ 听写测验（10分钟）：为了培养学生自学的习惯，每次课都听写学过的拼音。新时代的学生大都不留作业就不学习，所以只能用听写来鞭策学生。等学生养成自学的习惯后，就自然能自我学习。

④ 学习发音（50分钟）：两位教师每次课都复习上一课的内容后再讲新的内容。基本上4周8节课学完教材里的4课发音基础内容和音节表的训练。

⑤ 听力练习（10分钟）：主要是训练多听。每次都让学生听CD，跟着CD朗读会话，然后让学生互相听对方的发音。留听写作业。

⑥ 再复习问候语（5分钟）：枯燥的発音练习后，为了让学生轻松轻松，可以再复习会话。先让学生两两练习，然后叫1、2组出来发表，让学生有表现的机会。

⑦ 愉快的时间（5分钟）：最後让学生轻松随便问问题，可以问老师中国的社会文化问题，教师的爱好或留学经验，或者可以让学生听听中国歌曲等。利用这个机会缩短跟学生的距离。

## 4．2 语法课的教学活动内容

由于整个模式是以发音为主线，因此语法课在讲解语法与词汇时也要重视朗读课文与例句。教学活动内容基本如下：

① 开场白（5分钟）：与发音阶段相似。

② 复习（10分钟）：复习上一节课的语法点。可以利用检查作业来进行复习。

③ 听写单词（5分钟）：每次都听写上一节课所学的词汇，因为时间有限，最多5个即可。但要求学生除了汉字，必须书写拼音。

④ 学习新课（50 分钟）：讲解课文内容与语法要点，练习造句。讲解要简练，例句要朗读。尽量用所学过的词汇做替换练习，最后要留造句或练习的作业。

⑤ 复习新课词汇（10 分钟）：利用课本里的词汇表复习这一节课所学过的词汇。初级阶段词汇的学习非常重要，要有意识地训练。留听写词汇作业。

⑥ 介绍中国文化（5 分钟）：利用 DVD 或图片简单介绍一些中国文化。

⑦ 愉快的时间（5 分钟）：与发音阶段相似，也可与中国文化时间结合。

## 4．3　发音课的教学活动内容

发音统一阶段结束后，进入分工后的发音课，还得不断地复习和训练发音。通过大量练习会话，背会话让学生掌握发音和听力。具体教学活动如下：

① 开场白（5 分钟）：跟发音阶段相似。

② 发表会话（15 分钟）：每次让所有的学生都两两发表会话（一定要背，不能看书）。尽量表扬鼓励，稍微好一点儿就表扬，这样学生才能产生兴趣。如果不背或背不好，就告诉他们没有平常分。使用萝卜加大棒的方法鼓励学生背会话。

③ 听写（10 分钟）：每次听写 3 个会话句子。要求写汉字拼音和日语。

④ 练习朗读（15 分钟）：带学生朗读课文、语法例句和发音复习部分，然后让学生两两互相朗读，互相纠正发音。留抄写课文（汉字与拼音）的作业。

⑤ 练习会话（30 分钟）：利用课文互相练习会话。老师跟学生练习，学生两两练习，然后提供学过的词汇让学生自由替换练习，自由会话。留背会话的作业。

⑥ 听写练习（10 分钟）：训练学生听 CD。每次都听学过的 2、3 课课文或例句，让学生口头翻译，不要求书写。一边儿训练听力，一边儿复习。

⑦ 愉快的时间（5 分钟）：跟发音阶段相似。

## 5. 成果

修大的“分工合作模式”实行了2年了，基本上达到了培养学生兴趣的目标。这主要表现在学生的出席率（90%）和二年级上选修课的人数（2013年21%）[6)]。另外每年都有不少学生报名参加到北京语言大学的短期留学课程，还有不少学生自愿参加汉语检定四级考试。

至于掌握发音与会话的目标，我们发现比以前好多了。这主要从考上中国语检定考试四级的同学比以前多看出。另外，到北京语言大学短期留学的学生大都能跟其他外大学生同样考上中级B班（以前都是最低的A班）。这说明他们能开口说两句让分班考试的老师明白的汉语了。这是我们认为的小小的成果。

## 6. 小结

2外汉语课不仅仅是能重新培养学生学习能力的学科，也能为其他专业和各种行业培养了解汉语的人才的学科。这点是不容我们从事2外汉语教育工作者忽视的。

2外汉语课不但是教养学科，也是一门语言课，它的实践性比其他课要强。其他教养课只要让学生理解了，教学任务就算完成了90%，可是语言课只让学生理解的话，教学任务仅仅是完成了10%，剩下的90%是应该让学生实践应用。这就要求教师理解2外汉语课的目的，从而改善2外汉语课的教学法。

本论文只是通过介绍修大的教学模式，提供一些教学模式的参考信息，算是抛砖引玉。各种教学模式都有优缺点，笔者只是希望借此能促进大家来共同研究2外汉语课的各种问题。也希望专任能思考改善自己大学的教学模式，共同来提高2外汉语课的教学质量。

【注】

1）本论文在郭春貴 · 郭久美子 2011 的基础上，吸收许多同行的意见，改写之后，在第 11 届中国语教育学会全国大会上所作的报告。

2）郭春贵 2012

3）广岛修道大学为一中型私立大学，五个学部，学生约 6000 人。汉语课程仅是 2 外课程，没有汉语专业。http://www.shudo-u.ac.jp/

4）郭春貴 2007，『日本の中国語教育―その現状と課題・2002―』

5）朝日新聞「変わりゆく第 2 外国語　英語以外は縮小傾向」2008 年 5 月 26 日付。

6）修大教务处资料 : 2011 年一年级选修汉语学生有 615 人，2012 年二年级选修汉语的 104 人（17%）。2012 年一年级 493 人，2013 年二年级选修汉语的有 105 人（21%）。

【参考文献】

日本中国語学会中国語ソフトアカデミズム検討委員会編 2002『日本の中国語教育―その現状と課題・2002―』，好文出版

輿水優 2000「中国語教育の現状と課題」，『応用言語学研究』No.2，明海大学大学院応用言語学研究科紀要編集委員会

郭春貴 · 郭久美子 2011「週 2 回の 2 外中国語の教学モデルについて」，『広島修大論集』第 51 巻第 2 号（人文編），広島修道大学

郭春貴 2007「大学における第 2 外国語の中国語教育の位置づけ」，『広島修大論集』第 48 巻第 1 号（人文編），広島修道大学

郭春貴 2012〈论日本大学 2 外汉语课程的教学目标〉，『広島修大論集』第 52 巻第 2 号（人文編），広島修道大学

Gass.S 1997 *Input, Interaction and the second language learner,* Mahwah, NJ: Lawrence Erlbaum Associates.

# 10 从日本汉语教育反思对外汉语教育的问题

## 0．前言

日本的 90 年代，因为中日政治经济关系良好，带来了汉语大热潮，学习汉语的人如雨后春笋。2009 年之后，两国关系出了一些问题，学习人数递减了。究竟为什么会出现这样的现象呢？除了两国关系的影响之外，日本汉语教育界有什么问题吗？教学有什么偏差吗？还有，这仅仅是日本汉语教育界的问题吗？到中国来学习汉语的人数没减少吗？其他国家的汉语教育界又怎么样呢？

本论文先介绍一下日本汉语教育的一些情况，然后提出一些反思的问题，进而探讨解决目前日本汉语教育的问题，这些解决方法希望能供国内外对外汉语界参考。

## 1．日本汉语教育现状及问题

### 1．1　日本汉语教育的六大园地

日本跟中国是一衣带水的邻邦。有史以来，日本人民一直都很热心学习中国语言文化。每年几乎有近 20 万人在以下主要六大汉语教育园地学习汉语。

① 大学汉语专业课：主要是外语大学的汉语系和综合大学的中文系，这些汉语系和中文系的学生的专业并不都是现代汉语，也有不少学生的专业是中国文学或文化，真正学习现代汉语的学生每年不超过 2000 人。

② 大学公共汉语课：日本大学大都规定必修两门外语；英语为必修，

另外还得从德语、法语、汉语等外语中选修一门外语。全日本 782 所大学之中，90% 都设有公共汉语课，每年约 16 万学生选修汉语[1)]。这些学生都是零起点，对汉语不一定都有兴趣，遇到好老师，觉得有兴趣，才可能继续学习下去，否则都只学 1 年就放弃。

③ 高中汉语课：日本全国 3584 所高中都不太重视英语以外的外语，仅有 542 所设有汉语课，人数每年仅 2 万多。而且这些高中汉语课都不很正规，大多是 1 周 1 节 50 分钟的 1 年选修课程，学生可修可不修，只是一种培养兴趣的外语课。师资大都是高中的日语或英语教师，或者临时聘请一些留学生或中国人来教。

④ 民间汉语班：日本社会上有很多学习英语的语言学校，这些语言学校大多也开办汉语班。另外还有中日友好协会和一些个人开办的汉语学习班，这些汉语班有些是 3 个月或 6 个月的课程，大部分都是随意性很大的综合课程。学习人数无法统计。

⑤ 孔子学院汉语班：日本至 2014 年有 13 所孔子学院办的学习班，至今尚无客观调查，无法获悉学习人数的多少。

⑥ NHK 电台电视台的汉语讲座：日本半国营的广播电台和电视台（“日本放送协会（NHK）”），都播放汉语讲座节目。电台汉语讲座天天播放 15 分钟的节目，每天重播两次。电视台是每周一次 25 分钟的节目，重播一次。由于这些讲座都是面向全国，学习人数众多，估计每年约数万人。

## 1．2　日本汉语教育的目的

日本六大汉语教育园地，除了大学的中文系是培养汉语专业人才外，其他五大园地都只是培养学生对中国语言文化的兴趣，让学生通过学习汉语了解中国文化社会，或者让他们学好汉语去从事各自的行业，可以说这正是日本汉语教育的主要目的。

可是大部分日本的汉语专任教师，都只为了提升或业绩，一般都不太重视这个主要目的，都把这个培养汉语兴趣的初级课程交给非专任教师负责，而大部分非专任教师无实际权力，无机会多接触学生，下课后都匆忙赶去另一学校，几乎只能算是为一份收入而教汉语，对培养学生的汉语兴趣都力不从心。

培养汉语专业人才并不是不重要，问题是既然大部分的学生是初级入门班的学生，对外汉语教师更得把他们引进门，让他们对汉语有兴趣，否则大量学生都可能半途而废，进入中高级班或汉语专业的学生，就可能越来越少。目前日本学习汉语人数大减，跟忽视这个基本的教学目的很有关系。

## 1.3 日本汉语教育的教学效果

笔者于2010年对大学的汉语教师做过的一项调查显示，80%以上的教师对自己的发音、语法、会话、等教学效果都不满意[2)]。(笔者把认为“差不多”的都归入“不行”，实际上从继续学习汉语的二年级学生大减来看，可知效果都不甚理想)(见下表)。

汉语教学效果调查（2010）

| | 不错 | 差不多 | 不好 |
|---|---|---|---|
| 基本发音 | 7（13%） | 35（64%） | 13（23%） |
| 基本语法 | 9（16%） | 36（65%） | 10（18%） |
| 基本会话 | 7（13%） | 46（84%） | 2（3%） |
| 基本读解 | 9（16%） | 45（82%） | 1（2%） |

笔者觉得日本大学学习汉语的学生大减，跟教学效果很有关系。以下是笔者调查近4年几所大学学生人数的变化。当然跟中日关系的变化有一定的关系，在大减的风潮中，为什么还有一些大学学习人数不减或减得不厉害呢？这不能不说跟该校的汉语教师的教学效果有一定的关系(参见下表)。

日本数所大学与学院的选修汉语学生数字（2011-2014）

| | | 2011 | 2012 | 2013 | 2014 |
|---|---|---|---|---|---|
| 1 | 广岛修道大学 | 589 | 478 | 433 | 409 |
| 2 | 龙谷大学 | 1687 | 1299 | 1067 | 876 |
| 3 | 岛根县立大学 | 102 | 130 | 123 | 91 |
| 4 | 东京工科大学 | （前）320<br>（后）189 | （前）389<br>（后）178 | （前）335<br>（后）101 | （前）259 |
| 5 | 广岛大学 | （前）1879<br>（后）1504 | （前）1758<br>（后）1347 | （前）1492<br>（后）1194 | （前）1499 |
| 6 | 岛根大学 | 452 | 426 | 368 | 316 |
| 7 | 文京学院大学(经营学部) | 179 | 152 | 129 | 98 |
| 8 | 共立大学 | 687 | 676 | 684 | 626 |
| 9 | 驹泽女子大学(人文学部国际学科) | 49 | 46 | 40 | 27 |
| 10 | 富山大学 | 1021 | 1432 | 1217 | 1138 |
| 11 | 樱美林大学 | （前）840<br>（后）717 | （前）764<br>（后）652 | （前）609<br>（后）536 | （前）541 |
| 12 | 日中学院(本科) | 26 | 31 | 14 | 10 |
| 13 | 京都中文学院 | 90 | 77 | 45 | 17 |

＊（前）＝前期　（后）＝后期

## 1．4　日本汉语教学的问题

笔者认为日本汉语教学的效果不高的原因有以下几点。

① 受政治经济影响甚大：师生都多少受政治经济影响，教学与学习情绪都不太高。

② 社会不太重视英语以外的外语：日本不太重视英语以外的外语教育，学习氛围不太理想。

③ 汉语教师意识不高：大部分汉语教师都是非专业出身，对汉语教育不太熟悉也不热心，依然抱有中国人教日本汉语很简单的想法。而政治经济等客观因素又造成大多汉语教师教学意识不高，影响学生学习情绪。

④ 汉语教育目的不符合学生要求：许多学生都是零起点，有兴趣就学下去，没兴趣就放弃。社会人士也只想通过学习汉语了解中国社会文化或谋职，可是一般汉语课都讲得过于专业或枯燥，不符合学习者的要求。

## 2．反思

### 2．1　日本的汉语教育目的是否有偏误？

日本许多汉语教师都很努力教导汉语，可大部分都把课程当作汉语专业课来上。课堂上大讲语法，而且几乎都是被教材追赶着上，操练机会甚少。

可以说大部分汉语教师都疏忽日本汉语教育主要目的在于培养学生的学习兴趣，让学生继续学习下去。中国教师大都依然认为教日本人不难，自己努力把汉语教完教好就行，学不学是学生的问题。而大部分日本教师只把自己学习汉语或外语的经验用在课堂上，认为自己怎么学就怎么教，没有考虑时代的变化和学生学习目的变化。结果大部分学生不是消化不良，就是没有兴趣，不想继续学习下去。

### 2．2　日本汉语的研究跟教学是否有脱节？

日本的汉语教育还存在一种重研究轻教学的风气，这风气也影响了整个汉语教育界。尽管 2002 年成立了“中国语教育学会”，其会员人数（2014 年 468 人）依然远远不如重视研究，成立于 1946 年的“中国语学会”（2012 年 1224 人）[3)]。另外，最近 5 年（2010-2014）“中国语学会”的学术杂志有关教学的论文是零，而“中国语教育学会”的学术杂志 58 篇论文里，只有 21 篇是有关教学的论文。

大学的提升制度也只重视论文不重视教学。在那样的客观条件下，大多数的汉语教师也就形成两个极端，搞研究的不关心教学，搞教学的不关心研究。结果两者都出现了一些偏颇。这种偏颇严重地影响了教学的效果。

### 2．3　有哪些因素影响日本汉语教学？

70 年代是中日友好蜜月期，学习汉语人数增加。90 年代中期，中国经济成长，学习汉语热潮高涨。21 世纪关系恶化，经济受影响，学习人数大减。可见政治和经济因素都会影响对外汉语教学。特别会影响学习人数，学习人数一减，学习氛围立刻受影响，教师的教学情绪也或多或少受影响。

虽然这两个因素不会直接影响对外汉语的研究，但是如果学习者减少，研究者的就职机会肯定受影响，研究生的人数必然也会降低，这是不是也会直接影响日本的汉语研究呢？

### 2．4　教师的问题是否也影响了日本汉语教育？

在日本，尽管政治经济关系恶化，依然有一些大学的学习人数不减，依然有不少人来华留学，甚至有学生从公共汉语课转到汉语专业。这是为什么？无可否认，这是教师的力量。

政治与经济的因素，教师无法左右，但是对教学工作、教学成果，教师却能起一定的作用。优秀的教师不但教学质量高，而且一定会关心学生。这样的教师一定能够培养学生的学习兴趣，让学生喜欢汉语，喜欢中国语言文化。怎么培养优秀的汉语教师，特别是本土教师，是个急待解决的问题。

## 3．“后方法”的启示

库玛 Kumaravadivelu 在《超越教学法》[4) ] 一书中指出：“第二语言教学界意识到在形成与重塑日常教学内容和特点的过程中，教师理念、教师推理能力、以及教师的认知至关重要”（p.1）“教学实践者们在后方法情形下，则能够根据特定教学环境，以课堂为导向，不断生成创新性的教学策略”（pp.22-23）“在后方法情形下，我们认识到在教学机构、教学大纲和教材诸多因素所形成的学术和管理条件制约下，教师们不仅懂得如何进行教学，也懂得如何自主行动”（p.23）。

这些看法也许能给日本汉语教育界一个新的启示：在新时代的汉语教育里，不能再忽视教师的作用，不能只认为学习的成果仅在于学生学习的动机与欲望，教师的能力更应该受重视。教师不能只顾研究而忽视教学，当然也不能忽视研究而只顾教学。那么日本的汉语教师应该具备什么样的条件，应该注意哪些问题呢？

## 4．“专业化”与“人性化”

教师角色既然在教学中非常重要，可是日本汉语教育的实际情况却是：大部分专业很强的教师多只重视科研忽视教学，或者说不忽视但也不重视教学，缺乏教学热情，造成学生敬而远之。而大部分热心教学的教师又忽视专业与教学的研究，造成教学方法陈旧麻痹，学生无法提高。这两种教师多少影响了学习者的学习兴趣，造成学习者的剧减。如何振兴日本汉语教育，其实根本的因素就在于提高教师的素质。本论文暂且把科研当作“专业化”，把教学热情称为“人性化”。以下详细探讨教学“专业化”和“人性化”的问题。

### 4．1　何谓“教学专业化”？

任何行业都要求专业化，对外汉语教学应该也不能例外。所谓对外汉语教学的专业化，中国国家汉办《国际汉语教师标准》提出以下五点标准：① 汉语教学基础 ② 汉语教学方法 ③ 教学组织与课堂管理 ④ 中华文化与跨文化交际 ⑤ 职业道德与专业发展。具备这五点当然也能成为优秀的对外汉语教师，可是作为对外汉语教师最根本的专业知识“汉语知识”不应该欠缺，还有⑤的专业发展意义含糊不清楚，怎么发展专业，发展什么专业呢？笔者认为①②③可以归为“教育知识和能力”，其他要点可以更具体些。以下是笔者提出的专业化要求，仅供参考，敬请赐教。

① 要有基本的汉语知识：包括语音、语法、文字等知识。

② 要有外语习得与教学的知识：教师至少要了解学习外语与教外语的知识。

③ 要有中国社会文化知识：对外汉语教学就是一种传播文化的工作，教师应该拥有这方面的知识，通过教语言来传达文化知识。

④ 要有教育知识与能力：教师在教语言的同时，也在教书育人，应该懂得一些基本教育学与教育心理学的知识。

⑤ 要明确对外汉语教学的使命：教师要明确对外汉语教学的工作不是任何一个中国人都轻易能胜任的工作，必须明确这是一项传达中国语言文化的神圣工作。

⑥ 对外汉语教师资格：最好要有对外汉语教学的专业资格。

## 4．2　对外汉语教学需要专业化吗？

在日本依然有很多中国教师认为只要中国人都能教汉语，觉得没必要学习研究也能教。也有一部分教师认为教课很忙，没时间研究，认为专业化太理想化。他们认为对外汉语所教的内容主要是简单的初级汉语，没必要研究或学习。这个问题在其他国家与国内是不是也存在呢？不是所有中国人都能教汉语，就跟不是所有美国人或英国人都能教英语，不是所有日本人都能教日语一样，没有一定的知识与教学水平是很难成为一个好教师的。这是大家都有的共识，可是一旦自己教外国人汉语时，就忘了这一个共识。

## 4．3　何谓“教学人性化”？

所谓“人性化”，《现代汉语词典 第 6 版》的解释：“设法使符合人性发展的要求。例如‘管理人性化’‘人性化设计’”。换句话说，各种事业的人性化即是设法使之符合人性发展的要求。对外汉语教学也是一种教育，而教育是以人为对象的事业，更应该尽量设法符合学生人性发展的要求。符合学生的人性发展绝对不能缺少“爱”。事实上，教育本身就是一种传播爱的工作。从教育心理学的角度来看，“爱”可分为以下六个要素[5)]:

① 理解：要理解学生，要站在学生的立场思考教学方法。在对外汉语教学上，要理解学生的文化背景，理解学生学习汉语的难处，尽量帮助学生愉快地学习汉语。

② 尊重：要自尊自重，尊重自己也要尊重学生，尊重自己的文化也得尊重学生的文化，不能随意贬低学生或看不起学生的文化。

③ 宽容：要有宽容心，包容学生的错误。学习外语都不容易，外国学生学习汉语就像我们学习外语一样，都不是轻而易举的事儿，因此教师要宽容，要循循善诱，给予锻炼的机会。

④ 平等：要平等对待所有学生。对外汉语的学生可能来自不同国家，教师切记不宜偏心偏爱任何一个国家的学生，一定要平等对待，通过学习汉语也能促进国际友好和平。

⑤ 鼓励：要多鼓励学生。任何人都需要鼓励，特别是学习外语的学生，困难重重，教师随时都得用微笑真诚鼓励学生，这不但能让学生安心学习，也能提高学生的学习信心。

⑥ 批评：要适当的批评指正。学生在成长过程中，经常会犯一些错，教师在包容的前提下应该给以关爱的批评指正，帮助学生成长。

教育是一种爱，有了上述六个爱的要素，就能有爱心和敬业与乐业的精神，就能努力备课研究，同时也能搞好师生关系，创造良好的上课气氛，通过教学互相提高。

## 4．4　对外汉语教学需要人性化吗？

有人认为，对外汉语教学的对象都是外国学生，外国学生学得好学不好跟自己无关，爱学不学是他们自己的事，教师只要把课上好就算完事，闲话少谈。

也有人认为，对外汉语教学的对象都是成人，成人的思想行为大都定型了，无从教育。再说学生就只想学习汉语，没有其他要求，教师只要满足他们的要求即可，闲事少管。

这两个看法看似有道理，但关心学生的话，怎么能说是闲话，关心学生的事怎么能说是闲事呢？不管是外国学生还是自己国家的学生，不管是成人还是孩子，只要是你的学生，教师就有责任爱护他们，关心他们，教好他们，让他们愉快地学习。更何况人家是在学习我们的语言，教师更应该想方设法地让他们喜欢学习中国语言文化。而要让外国学生喜欢汉语，首先教师得喜欢学生，喜欢自己的工作，要尽量做到上述六点关爱，这也就是笔者所说的“人性化”。

## 4．5 “专业化”与“人性化”能兼顾吗？

不少对外汉语教师认为很难兼顾教学与科研，要搞好教学，就没时间搞科研，要搞科研就没时间搞好教学，没时间关心学生。这不能不说有一定的道理。但是当一个教师如果专业不强，不搞一点儿科研，没有研究精神与研究经验的话，讲课可能流于肤浅，容易随意讲解，学生难以信服。而当一个教师如果教课没有热情，没有爱心的话，讲课可能陷入深奥枯燥难解，引不起学生的兴趣。

对外汉语教师跟其他学科的教师一样，都必须同时兼顾“专业化”与“人性化”，既要有专业能力，也要有一颗爱心，两者不能缺一。陆俭明 2005 早已提出 ①教师要树立学科意识（即专业化）；②教师要树立学习研究意识（也是专业化）；③教师要树立自尊自重意识（人性化）。

笔者觉得对外汉语教师不一定要做深入的本体研究，但一定要有一定的专业知识，一定要做一些教学上的研究。有了研究，就能了解学生的问题所在，就能更好地帮助学生学好汉语。同样地，在真诚热心教学实践中，在帮助学生学好汉语的过程中，也一定能发现许多研究问题，能提高自己的研究水平。

## 5．小结

日本汉语教育存在的问题当然有日本的特殊条件，但是有关教学目的偏颇、教师教学意识不强、研究与教学脱节等问题，是不是也存在于国内以及其他国家的对外汉语界呢？而这些问题都值得从事对外汉语工作的教师深思的。

特别是教师的作用，在进入 21 世纪后方法时代后，更应该引起重视。在引起重视的同时，教师本身也必须尽量兼顾“专业化”与“人性化”。“专业化”就是要不断学习与研究，“人性化”就是要热爱学生，要敬业乐业。一个兼有“专业化”与“人性化”的对外汉语教师，一定是个德才兼备、有知识有爱心的教师。学生一定会喜欢他，尊敬他。也只有这样的对外汉语教师，才能吸引外国学生学习汉语，才能引起学生的学习汉语的兴趣，才能鼓励学生继续学习汉语，才能帮助学生掌握好汉语，才能让学生喜欢中国语言文化。

**【注】**

1）日本文部科学省网页 http://www.mext.go.jp/（2014 年 5 月 20 日）
2）郭春贵 2012
3）中国语学会 http://www.chilin.jp/guide/activity.html
中国语教育学会 http://www.jacle.org/
4）库玛 Kumaravadivelu 2013
5）冯世杰 · 张新晖 2006

**【参考文献】**

崔希亮 2011〈从问题到理论还是从理论到问题〉，《汉语国际传播研究》第 2 辑，商务印书馆

崔希亮 2013〈说汉语教师的学术自觉〉，《世界汉语教学》第 4 期，北京语言大学

冯世杰 · 张新晖 2006《别说和你没关系：教育的人性化思考》，浙江大学出版社

郭春贵 2012〈论日本大学 2 外汉语课程的教学目标〉，『広島修大論集』第 52 巻第 2 号（人文編），広島修道大学

国家汉语国际推广领导小组办公室 2007《国际汉语教师标准》，外语教学与研究出版社

库玛（美）Kumaravadivelu,B 陶健敏译 2013《超越教学法 语言教学的宏观策略》，北京大学出版社

库玛（美）Kumaravadivelu,B 赵杨 · 付玲毓译 2014《全球化社会中的语言教师教育》，北京大学出版社

贾益民 2014〈关于海外华语文教师专业发展研究的思考〉，《世界汉语教学》第 3 期，北京语言大学

张和生主编 2006《对外汉语教师素质与教师培训研究》，商务印书馆

日本中国語学会中国語ソフトアカデミズム検討委員会編 2002『日本の中国語教育―その現状と課題・2002―』，好文出版

輿水優 2000「中国語教育の現状と課題」，『応用言語学研究』No.2，明海大学大学院応用言語学研究科紀要編集委員会

# 11　日本大学公共汉语课程[1]的会话教学研究

## 0．前言

外语的会话教学法多有研究，特别是英语的许多会话教学法都很值得参考[2]。同样的对外汉语对口语会话的研究也不少[3]。然而几乎所有的教学法研究都是针对一般性的学习者而言，对日本大学的公共汉语课程（以下简称“公共汉语课”）就无用武之地了。公共汉语课是个非常特殊的汉语课程，学生人数多，学习时间短，水平参差不一，再加上不是在目的语环境里学习，不论是教学或学习都要面对许多困难。

但是许多针对公共汉语课的研究显示，大部分的大学生都希望学习汉语会话，而不是语法[4]。公共汉语课的学生学习人数多，但如果没有兴趣的话，大都拿了学分就放弃不学。而会话课最能调动学生的学习情绪与兴趣，会话课上得好，就能让学生继续学习汉语，进而理解中国文化，促进中日交流。因此研究公共汉语课的会话教学法非常有必要。千万不能把会话课当成小儿科，当成可有可无的课。

本研究就是站在这样一个目的进行探讨公共汉语会话课的可行的教学法。虽无数据证明，但我们深信教学法的研究不能仅靠数据，也许更重要的是总结经验。本研究就是一些我们实践过觉得有效的公共汉语会话课的经验总结，敬请各位同行指正。

## 1．日本公共汉语课的特点

郭春贵 2007、2009、2012 已详细介绍了公共汉语课的特点。以下简单总结如下：

① 课程短，大多仅 1 年课程。而且每周仅 1 节或 2 节 90 分钟的课。
② 每班学生人数较多。各大学不一。大概少则 30 人，多则 50 左右。
③ 教学目标不清，各大学甚至各个学系、各个班都不一样，甚至没有什么目标。
④ 专任教师少，大多是非专任讲师，群龙无首，各自为政，无法系统性地展开教学内容。
⑤ 教材多样化，许多大学各个班教材也不统一。
⑥ 大学当局不太重视公共外语课，课程有缩减倾向。
⑦ 大学与学会都重视研究轻教学，公共汉语课跟其他公共外语课一样研究甚少。

## 2．公共汉语会话课的重要性

### 2．1　学生的需求

许多研究显示当今的大学生比起学习语法 , 读解，他们更喜欢、更愿意学习会话。也许日本学生大都觉得学了 6 年英语都不能跟外国人交流正是因为从初中到高中的英语课都是记语法、背词汇，没学过会话的缘故。因此上了大学学习新的外语时就特别渴望学习会话，希望学了之后能跟外国人交流。因此大学方面，包括教师都不应该忽视学生这种学习会话的需求。确实发音、语法与词汇都很重要，但课程时间很短，上课时间有限，必须要以会话为重点，把语法与词汇等汇入会话里，灵活地安排会话课，才能满足学生的需求，才能提高学生的学习兴趣。

### 2．2　时代的要求

21 世纪已是国际化时代，各国交流来往频繁。外语教育越来越重要也正是因为这个新时代的需求。而中国发展的迅速更是让汉语教育不能忽视。从 2004 年开始，中国已是日本的最大贸易国，2015、2016 年前来日本旅游购物的中国游客都超过 500 万人[5)]。在日中国留学生也近

10万人[6)]，日本人接触中国人的机会已经越来越多，彼此间的交流当然跟着增加。在这样的时代需求下，学习汉语已不能止于语法或阅读了，更重要的是学习会话，能让学生积极地跟中国人交流是公共汉语课的使命。

### 2．3　提高学习兴趣之所在

会话课基本上都是两人或两人以上的对话练习，上课气氛比较轻松，学习情绪和兴趣都能提高。但公共汉语课的学生人数都较多，如果不灵活上会话课，只讲语法或词汇的话，学生会觉得枯燥无味，肯定会打瞌睡或甚至不来。年轻人都比较喜欢跟朋友一起学习，一起聊天。外语会话课也可以看作一种聊天。他们上课时能用汉语跟自己的同学聊天，哪怕是发音不好，都会觉得轻松愉快。这样长久练习下去，就会喜欢汉语。

### 2．4　学习外语就是要应用

学习外语的目的就是要应用。学习汉语就是要跟中国人交流。在交流的时候少不了会话，因此大学的公共汉语课必定要重视这个重要性。有一点儿会话能力，就敢尝试跟外国朋友交流。能说两句汉语，也就敢尝试跟中国朋友交往。而在交流过程中，学生就能学习到许多课本上没有的东西。这也是公共汉语课间接的一个重要点——通过会话能提高交流能力和知识。

## 3．公共汉语会话课的建议

公共汉语课的课程短，上课时间少，所以教学目标只能定在培养学生的学习兴趣[7)]。既然目标在于培养学习兴趣，那么课程就要安排得有趣轻松，不能太难也不能太随意。而会话课既然是学生们需求的上课形式，教师必须适应新时代的要求，安排以会话为中心的公共汉语课。以下是我们的一些建议，仅供参考。

### 3．1　建立适合会话练习的课堂气氛

任何一种课程都有其特殊的课堂环境与气氛。会话课当然也需要适应的课堂气氛。特别是因为日本学生比较腼腆，不爱开口，因此教师必须要首先建立好轻松活泼的上课气氛来让学生敢开口会话练习。

怎么建立这种轻松的气氛呢？这当然不是一次两次课就能建立起来的。不过教师必须要心里有底，时常想着创造轻松气氛。这方面我们和一些有经验的教师的做法是：

① 教师要笑脸常开，要多关心、鼓励、表扬学生。

② 教师要尽快记住学生的名字，让学生觉得教师心目中有他，上课才能放松喜欢。

③ 安排适合会话的座位。最好是一组两人，让两人经常有练习会话朗读的机会。

④ 教师提前到教室用日语跟学生聊天，让学生觉得教师易亲近，他们才敢开口说话。

### 3．2　一定要选用以短小会话为主的教材

不论什么课，选好教材都非常重要。会话课当然也得选择好教材才能上得有意思。市面上许多公共汉语课的教材，虽大多以会话为主，但不是太长就是太难，在短短的 90 分钟内，讲完语法和词汇后，几乎不可能有太多的时间练习会话。这是教材限制了会话练习的一面。因此教师必须选择一些具有短小精悍会话内容的教材。最好是 4 句对话，6 句以上就显得难，不但学生难背难记，发表费时。教师讲解也花时间，结果没有时间练习会话。

适合公共汉语课的会话教材每课内容不能太多，最好每周 2 节课就能上 1 课。1 节讲解，1 节操练。练习题也不能太多。重要的是短小的 4 句会话、5 个新词汇和 3 个语法点，再加上一点儿发音复习就够了，剩下的时间就能大量练习朗读、听力和会话。

### 3．3 发音基础不能忽视

会话是一种交流，是要把自己的意见看法传达给对方，因此说话的内容必须让对方听懂。这跟语言的发音脱离不了关系。汉语当然有汉语的发音结构，学生必须掌握大概准确的发音才能让中国人明白，才能跟中国人交流。所以不能只练习会话而不注重发音。发音是语言的基础，绝对不能忽视。会话课上一定要分配一定的时间来复习发音，练习拼音的读法。发音掌握好的人对会话都有信心。因为他会高兴对方听懂他的话。

### 3．4 听力训练也不能忽视

会话除了说，更重要的是听。听懂对方的话语，才能回答，才能交流。如果听不懂对方的语言，根本不可能交流。跟中国人交流时，当然也得听懂中国人的汉语。因此上会话课，也得训练听力。每次课都得有听力测验，听力练习。

一般学生觉得听 CD 是很麻烦的事，都不太爱听 CD，结果听汉语的机会不多，发音也不能巩固。会话就很难顺利进行。所以一定要告诉学生听力的重要性，每次课都要布置听力测验的作业，学生才会听 CD。

学习外语，最难的就是听力，最重要的也是听力，所以各种外语的能力考试都要考听力。会话课绝对不能少了听力的训练。以下是一些参考教学活动。

① 每次课都要听写课文。（5 分钟，3 个句子就行）

② 每次课的作业都要有听 CD 的作业（利用教材中的习题）。养成常听 CD 的习惯。

③ 上课时，尽量用学过的汉语问学生问题。比如说“今天星期几”、“你叫什么名字”“今天几月几日”等。

④ 鼓励学生看 YouTube 的中国电影。

### 3．5　大声朗读也不能忽视

会话就是要开口，大声朗读就是一种开口说话的训练。日本学生一般不爱开口，比较腼腆，因此先从大声朗读开始训练，每次课教师一定要带领学生大声朗读 4、5 遍。然后让发音比较好的学生也来领读。这种方法不但能提高发音，也能提高学生敢于说话的信心。许多老师都会觉得朗读很枯燥，学生会厌烦，自己好像机器一样，都不太愿意多次朗读。其实语言老师，不论是母语或外语，在初学阶段一定要不辞劳苦，多带领学生朗读，学生的语感和表达能力才能培养起来。这方面可参考『シャドーイング・音読と英語習得の科学』（門田修平著，コスモアピア株式会社，2012）。

以下我们提出几个大声朗读的方法供参考。

① 首先由教师领读 3 遍，鼓励学生大声念。

② 确定朗读内容能明白时，教师说日语，让学生念汉语。（1 遍）

③ 每次由不同的同学领读。不但能鼓励领读的同学，也能刺激其他同学重视发音与朗读。

④ 之后，让同学们跟旁边儿的同学两两对话练习一两次，然后选一两组发表。

⑤ 最后全体不看课本再跟着 CD 或老师朗读一遍。

### 3．6　每次学习 3、4 个日常问候语

问候语在生活中经常使用。比如“谢谢—不客气”“对不起—没事儿”，“好久没见”“祝你生日快乐”等。课本里没办法把所有的问候语都安排进来，所以教师要适当地选择有问候语练习的教材或自己准备，复印给学生，方便上课使用。

日常生活中的问候语都比较短小，容易记。学生互相见面时就尽量让学生用那些学过的问候语。比如“谢谢”“不客气”“对不起”“没事儿”等，这样能增加学生学习的兴趣。

### 3.7 每次课都要有会话发表

以会话为中心的公共汉语课，每次课都应让所有的同学不看书在大家面前发表会话。基本上以背诵课本上的会话文为主即可。每次课都留发表两课会话的作业，但发表时可以用抽签方式让学生只发表一课。这样即可省时又能增加兴趣。

学生第一次发表时会很腼腆，很害羞。教师要尽量鼓励他们，表扬他们。发表时即使发音不好或不流利，也不要批评或过多纠正。三四次后学生习惯后，再适当地纠正一些发音。

很多教师会认为 90 分钟的课，没时间让全体同学发表。我们的经验是当学生习惯后都会愉快地主动地两个两个出来发表，30 多位同学的发表只用了 10 至 15 分钟。

### 3.8 制定自由会话的时间

在学了一些简单的会话，比如“你是中国人吗？”、“你叫什么名字？”、“这是什么？”等之后，尽可能制定 5 分钟到 10 分钟的自由会话时间，让学生全体站起来，去找一些平时甚少对话的同学练习会话。这个教学活动里，有些同学会说起日语来，会聊起天来。不要立刻阻止或批评，慢慢引导鼓励之后，学生就会主动地练习。

这项教学活动，最好老师也参加进来，这样学生会更积极。有时老师问学生，有时学生问老师都可以，总之尽量自由轻松。

### 3.9 偶尔请一两个中国留学生到教室来跟他们对话

如果大学里有中国留学生的话，偶尔可以请他们到教室里来跟同学们聊天，让同学们用学过的汉语问留学生一些问题。比如“你是中国人吗？”、“你叫什么名字？”、“这是什么？”、“你喜欢吃日本菜吗？”等。其实虽然校园里有中国留学生，但日本学生一般不太敢跟他们交流。教师尽可能为他们制造机会，让他们跟留学生接触交流，用日语汉语交谈都可以，都能刺激学生们学习汉语，提高会话能力。

### 3．10　布置会话的考试

学期开始时，一定要告诉学生考试的内容形式。一定要布置会话考试，学生才能更积极更认真地学习学习会话。考试主要目的是要让学生积极学习，内容不要太难太多，尽量以课本的会话为主。

## 4．以会话为主的一些问题

公共汉语课基本上是一种教养课程，所以一路来都是一种培养学生素养与对异文化理解的综合课程。发音、语法、词汇、会话、文化都得教。其结果经常出现一些毫无重点，一无所得的结果。但是如果以会话为主，也会出现以下一些问题。

### 4．1　学习语法与词汇的时间减少

会话的基础也得要语法与词汇，如果 90 分钟之内大部分用来练习会话的话，学习语法与词汇的时间必定减少。汉语的知识减弱，会话内容也必定虚薄。

### 4．2　学生大都较腼腆，主动性不强

虽说大部分的学生希望学习会话，可是一旦练习起来，很多学生因为性格腼腆，不太主动。教师还得花力气鼓励才可能调动他们来练习会话。

### 4．3　一班人数多，每个人的练习机会可能少

会话课主要在于练习和发表。可人数一多，练习机会就会减少。练习不多，会话的效果就不高。教师一定要思考怎么样才能节省时间，让全体学生有机会练习。当然还得跟学校当局争取一班人数最好不能超过 30 名，这样会话课的教学效果才可能更好。

### 4．4　课堂以外的环境都是日语，用汉语的机会不多

在非目的语的环境里学习，必然要面对这个问题。大学校园里也是只说日语的环境，学生下课后容易把所学的忘得一干二净。因此教师还得想各种办法来让学生记住。比如小测验，背书，听写等。

### 4．5　会话课工作量大，吃力不讨好

大多教师感觉只有讲语法课才算上了课，因为语法需要老师的知识，老师的讲解。而会话课只是操练，教师没什么发挥的。结果许多老师都觉得没有教学与上课的感觉，再加上学生不主动，要组织学生参加会话活动，非常吃力。不主动的要鼓励，太主动的要控制。单调的练习学生可能会厌倦，复杂的学生跟不上，备课上课都很吃力，而且可能吃力不讨好，学生练习会话时可能天下大乱，控制不了场面。

### 4．6　旧观念的干扰

大学方面不支持不关心的旧观念，可能影响教师的改革上进的热情。还有，教师干不干两斤半的旧观念，也可能看不起会话课的需要与改革，只希望轻轻松松上千年一样的课。

## 5．解决问题的方法

以会话课为中心的公共汉语课其实已不是什么新改革，笔者已在广岛修道大学、广岛大学实践过，效果都还算可观。然而也面对过上述种种问题。大学方面的不支持、学生水平的降低、班上人数过多等客观条件不是教师力所能及的。但既然选择了对日汉语教师这项工作，既然我们拿大学的工资（其实都是学生的学费），我们都得兢兢业业地去克服一些能解决的困难。以下简单谈谈一些解决方法。

## 5．1　用“敬业与乐业”的爱心去克服困难

一切教育都不可能一帆风顺，不可能轻松。如果想轻松，那还是别当教师，特别是别当外语教师。因为外语教师有一半以上的工作不是讲解，而是很辛苦的操练。

任何一种教育，都要有爱心。教育本来就是在传达爱心，不应该偷工减料，马马虎虎。对待学生，不管爱学不爱学，都得用爱心谦虚地慢慢地去感化他们，教育他们。特别是教外语，是传达一种异国文化，如果没有爱和心，可能会造成学生对该语言文化的误解偏见。

在上述种种困难的干扰之下，教师一定要培养敬业与乐业的爱心，只有敬爱和喜欢外语教学工作，敬爱和高兴传达中国语言文化的工作，热爱学生，期待学生的成长，才能在教学工作中找到乐趣，才能度过难关，积极地把会话课上好。

## 5．2　提高自己的修养去克服困难

敬业与乐业的爱心，是根源于教师的修养。真正有爱心的教师，一般修养都比较高。有修养的人懂得待人处世，懂得谦虚行善，懂得尊老爱幼，懂得学海无涯，懂得不进则退。同样的如果教师有修养有知识，知道公共汉语课的重要性，知道会话课的需要性，那就会努力去学习一些相关的教学法，而不是依然故我，老是用跟过去一样的教学法去敷衍学生。

## 5．3　教研结合去克服困难

教学与研究本为一体，教学基于研究才更科学，研究源于教学才有活力。善教者必定是善研者，同样的善研者也必然是善教者。作为大学公共汉语课的教师，虽然没人监督，没人干涉，没人赏罚，完全是份自由的工作，但千万不能忘记这份工作来得不易，这份工作是培养下一代的工作，是拿人家工资的工作，必须要不断的研究学习，才能提高教学质量。才能克服种种困难。必须要不断地热爱工作，才能提高研究能力

和自己的修养。这样天大的困难我们也会想得开，放得下，才能专心做好对日汉语工作。

## 6．小结

公共汉语课的目标是要培养学生学习汉语的兴趣，提高学生对中国语言文化的兴趣。同时因为它是一门教养课，也通过学习汉语来于培养学生的学习能力，学习习惯等。因此公共汉语课不是像许多人所说的不关紧要，可有可无。反而是相当重要，应该大受重视。

会话课难上但很有意义，会话课难上但学生喜欢，当教师如果能通过学生喜欢的方式教导他们掌握一门知识或技术，那是何等高兴的事啊 !!

本论文介绍的一些会话课的教学法，不一定都能适合所有的教师，但都是我们实践过而且觉得可行有用的方法。那些方法虽然没有数据证明，但我们觉得有些教学经验不是数据所能说明的，就像科学不一定是绝对万能一样，一切都可参考可借鉴。

总之，身为教师的我们应该珍惜与感谢这个教学机缘，应该用敬业乐业的精神上好每一节课。公共汉语课虽不受重视，但还是有它可爱可敬的地方，希望同行们一起来开垦，来发展。

【注】

1）日本一般叫着“第 2 外语的汉语”或“初修中国语”。

2）伊藤嘉一 1984

3）李晓琪主编 2006

4）張軼欧 2007「第二外国語としての中国語の初級教育に於ける問題と対策」，『外国語教育フォーラム』第 6 号，関西大学外国語学部，郭春貴・劉国彬 2007「中国語学習を経た日本人大学生の中国に対する意識変化」，『広島修大論集』第 48 巻第 1 号（人文編），広島修道大学。

5）日本政府观光局统计显示 2015 年 499 万 3689 人，2016 年 637 万 3000 人。

6）日本学生支援机构平成 28 年调查显示。中国留学生有 9 万 8000 多人。http://www.jasso.go.jp/about/statistics/intl_student_e/2016/index.html

7）郭春贵 2012

【参考文献】

輿水優 2005『中国語の教え方・学び方―中国語科教育法概説―』，日本大学文理学部

関口一郎編著 1993『慶應湘南藤沢キャンパス・外国語教育への挑戦―新しい外国語教育をめざして』，三修社

国際交流基金 2007　日本語教授法シリーズ 6『話すことを教える』，ひつじ書房

国際交流基金 2008　日本語教授法シリーズ 5『聞くことを教える』，ひつじ書房

村野井仁 2006『第二言語習得研究から見た効果的な英語学習法・指導法』，大修館書店

樋口忠彦・緑川日出子等編著 2007『すぐれた英語授業実践』，大修館書店

静哲人・正頭英和等 2014『英語授業の心・技・愛』，研究社

伊藤嘉一 1984『英語教授法のすべて』，大修館書店

李晓琪主编 2006《对外汉语口语教学研究》，商务印书馆

杨惠元 1996《汉语听力说话教学法》，北京语言文化大学

ジャック・C· リチャーズ＆シオドア・S・ロジャーズ　アントニー・アルジェイミー＆高見澤孟監訳 2007『世界の言語　教授・指導法』，東京書籍

岩崎克己 2007「日本の大学における初修外国語の現状と改革のための一試案―主に , ドイツ語教育を例にして」，『広島外国語教育研究』10 号，広島大学外国語教育研究センター

武田和恵 2010「大学における外国語教育の現状について」，『言語と文化』第 22 号，文教大学大学院言語文化研究科付属言語文化研究所

泉水浩隆 2009「日本（の大学）における第 2 外国語教育をめぐる現状と課題―スペイン語教育を中心に―」，『学苑』No.821，昭和女子大学近代文化研究所

番場俊・千野真一 2009「総合大学における初修外国語教育の新しいあり方をめざして」，『大学教育研究年報』14 号，新潟大学大学教育開発研

究センター
武田修志 2005「大学における初習外国語教育の意義について—ドイツ語科目を例にして—」,『鳥取大学大学教育総合センター紀要』第 2 号, 鳥取大学大学教育総合センター
郭春貴 2007「大学における第 2 外国語の中国語教育の位置づけ」,『広島修大論集』第 48 巻第 1 号（人文編）, 広島修道大学
郭春貴・郭久美子 2009「第 2 外国語としての中国語の授業モデル再考察」,『広島修大論集』第 49 巻 2 号（人文編）, 広島修道大学
郭春貴・郭久美子 2011「週 2 回の 2 外中国語の教学モデルについて」,『広島修大論集』第 51 巻第 2 号（人文編）, 広島修道大学
郭春贵 2012〈论日本大学 2 外汉语课程的教学目标〉,『広島修大論集』第 52 巻第 2 号（人文編）, 広島修道大学

# 12　大学における初修外国語の第1回目の授業について　——初修中国語の例——

## 0.　はじめに

大学における初修外国語（第2外国語とも言う）は専門科目ではなく，教養科目の一環であり，履修形態は1年間週1回または2回の授業である。その授業で何ができるか，その意味についての議論と研究も少なくない[1)]。一方，多くの大学で今でも存在していることからも，その意義が理解されていると思われる。存続するにしても，削減するにしても，初修外国語の将来は大学の経営者と担当教員にかかっていると言われる。中でも教員の担う責任がより重要なのではないかと思われる。

授業の質のよしあしは当然教員と関わるので，教員の教え方は，どんな段階の教育においても重要である。「始め良ければ，終わり良し」と言われるように，1回目の授業は極めて大切だと考えられる。本論文は中国語を例として，教員と学生の調査，授業見学に基づいて，1回目の授業の大切さと問題点を分析し，またどのように行えばよいかを提案したい。

## 1.　大学における初修中国語教育の問題点

大学における初修外国語の問題点は，郭春貴2007に既に記した。学会の重視度は少し改善したが，他の問題点は依然として状況が変わっていない。ここでもう一度，簡単にまとめる。

① 大学の重視度が低く，専任教員も少なすぎる。

② 学会の重視度も低く，教育に関する研究発表も少ない。

③ 教員の業績を重視しすぎ，教育を軽視する風潮がある。

④ 教育目標と内容が統一されず，非常勤教員任せが多い。

⑤ 大人数の授業で語学授業か教養授業か曖昧である。

時代が変わって，以下の新たな問題も生じた。

### 1. 1　学習能力の低い学生が多くなった

全入時代と言われる2010年から，多くの大学は経営のために学生を確保する必要があり，学習能力が低い学生でも入学させていることは否定できない。そのような学生は何のために大学に入るのか，何を勉強すべきかがよくわかっていない。ましてや初修外国語を学習する意味についても理解できないという現状である。現在，学力が高い国立大学以外，多くの地方の国立大学や私立大学の学生は学力が10年前よりずっと低いので，「英語もできないのに，別の外国語を習う必要がない」，「日本語もちゃんと使えない学生が初修外国語を習う必要はない」とも言われている[2)]。学習能力が低い学生は，初修外国語を習う意味についてあまり理解できないだけではなく，学習意欲も低いので，どのように教育するかも難しい問題である。

### 1. 2　学生の学力の差が顕著になった

講義形式の授業は受講生が多くてもなんとかなるが，語学の授業は練習と発表が多いので，30人でも多いと言われる。1. の⑤で1クラスの人数が多いと言ったが，学力が同じならまだなんとか教えられるが，学力に差があると，教員がうまく教えられないことが多い。語学の授業は，理解してから応用練習が必要なので，理解できる学生はすぐ応用できるが，理解できない学生は応用練習の段階に全く入れず，全体の教育成果が得られない。英語は既に学力によってクラスを分ける大学が多くなったが，初修外国語は全ての学生にとって初修だと思われ，クラス分けの必要がないと思われている。実際は，語学の学習は学習能力と深く関係があるので，学力に差がある学生が一緒に学習することにより，学力が低い学生はますます劣等感を感じるのではないか。

## 2. 大学における初修外国語教育の必要性

### 2. 1　文部科学省の学士課程の指示を考える

平成20年12月の中央教育審議会答申「学士課程教育の構築に向けて」で示された「学士課程共通の学習成果に関する参考指針」にあげられた項目に「多文化，異文化に関する知識の理解」と「知的活動でも職業生活や社会生活でも必要な技能に日本語と特定の外国語を用いて，読み，書き，聞き，話すこと」がある[3)]。その指針には初修外国語と明記してないが，英語を含め，初修外国語と考えてもよいと思われる。また，2001年の内閣府の世論調査では「これからの大学生が身につけるべきと思われる外国語」として，英語は当然最も多い92％だが，その他に中国語（59.6%），フランス語（26.5%），韓国語（25.6%）などが挙げられていた[4)]。したがって，大学教育では異文化理解の知識としても生活技能としても初修外国語の教育は文部科学省だけではなく，一般社会からも要求されている。

### 2. 2　地球視野は英語視野ではない

経営の状態や学生の学力の程度により，大学側は安易に初修外国語の授業を削減する[5)]。しかし，中央教育審議会は2002年に「新しい時代における教養教育の在り方について」[6)]，2017年に「我が国の高等教育の将来像」の答申[7)]で，教養教育の重要性を再確認し，異文化の理解と国際視野の知識の重要性にも触れた。異文化理解と国際視野の知識は英語だけではない。グローバル化の現代社会，日本と世界の関係を考えると，異文化を理解するためにも，いろいろな外国語が若い世代に必要不可欠な技能と思われる。そのために，大学における英語と初修外国語の重要性は軽く見るべきではない。英語だけがグローバル化ではなく，他の外国語も大切である。新しい時代に生きるために，若い人に英語だけではなく，もう 1 つの外国語が必要であることは大学側が理解しなければならないのではないか。

## 2. 3　学力が低い学生にもっと履修させるべきである

学生は学力が低下し，判断力が弱くなったので，楽な方に流される傾向がある。大学側が必要と思われる科目を学生に必修させないと，学力が低い学生はその必要性を理解できず，学習意欲が向上しない。文部科学省の中央教育審議会答申「学士課程教育の構築に向けて」に示されたように，大学の教育で異文化理解の知識としても生活技能としても初修外国語が必要だとわかれば，どんなに学力が低い大学生に対しても大学側は教育する責務があるのではないか。学生は高い授業料を払っているので，安易に「英語だけで十分」「英語さえできないのに，初修外国語は無理」と考えたら，学力が低い学生の学習の場がますます狭くなり，学力はますます低くなるのではないか。

## 2. 4　少人数の初修外国語の授業は学生の学習能力，学習習慣を育てられる

語学の授業は語学だけではなく，毎週継続する継続力，単語と文法を理解する理解力，記憶力，作文する応用力，会話を発表する表現力なども育てられる。特に 1 年生は，ほとんど大人数で一方的に聞くだけの授業ばかりなので，高校を出て，初めて大学の授業を受ける 1 年生にとって，少人数の語学授業（英語も初修外国語も）は極めて貴重である。英

語だけではなく，初修外国語の授業は，学生の能力を鍛えられることは間違いない。

## 3. 第1回目の授業の重要性と問題点

### 3. 1　第1回目の授業の影響が大きい

以上，初修外国語授業の重要性と必要性を述べたが，その責任の重大さを担当教員（専任教員も非常勤教員も）も理解して，1つ1つの授業が大事に行われていると思われる。特に最初の授業が肝心だと思われる。毎年，英語と他言語の教員が筆者の授業を見学した後,「学生が生き生きして楽しく学習しているのが大変印象的で，最初の授業はどのように行われているか見学したい」という意見を多くいただいた。語学の教員なら，第1回目の授業はとても重要で，後の授業の成功や失敗に大きく関係することを知っている。学生は大学に入学して，初めて大学の授業を受けて，緊張しながら真剣に聞いているに違いない。その印象は後に大きな影響があると思われる。

初修外国語は学生にとっては正しく初修で，初めて出会い，初めて学習する外国語なので，1回目の授業で受ける教員に対する印象，授業に対する印象は，これからの学習に極めて重要であるに違いない。

以下，初修中国語の1回目の授業の問題点について論じる。

### 3. 2　第1回目の授業の問題点

#### 3. 2. 1　大学の初修外国語の目的を理解せずに，すぐ発音から教えること

多くの初修中国語の若い教員，特に中国人の教員が，大学における初修中国語の教育目的を理解せずに，自分が中国で受けた外国語の教育方法で，第1回目の授業ですぐ一生懸命にテキストに沿って，難しい発音を教える。学生は教員の熱心さは分かるが，中国語に対する恐怖感が生じ，難しい言語と思い込んで，興味がなくなることが多い。

### 3. 2. 2　毎年同じような方法で授業を行うこと

初修中国語の内容は毎年同じであるので，多くの教員歴が長い教員はあまり準備せず，何年間もずっと同じ方法で授業を行う。教員自身も面白くないので，学生も当然興味が湧かない。しかも，時代が変わって，学生の学力と考えも変わるので，以前の方法で教えても，新しい時代の学生にとっては面白くないかもしれない。

### 3. 2. 3　学生の学力を理解せず，すぐ授業を行うこと

教育で一番大切なのは，中国語で言うところの“因材施教”（対象に応じて異なる方法で教える）である。大学における初修中国語の授業は結構難しい。一部の教員は第 1 回目の授業でまだ学生の学力を把握してないのに，すぐ難しい発音を教えることがあり，学生の中国語に対する興味がなくなる恐れがある。

### 3. 2. 4　ガイダンスだけで 10 分か 15 分で授業を終わらせること

一部の初修中国語の教員は大学における初修外国語の意味と目的を理解せず，大学のぬるま湯のような環境に慣れて，教育に対する情熱がなく，学生にも無関心で，学生の授業の理解度にも関心がない。そのような教員の 1 回目の授業は 10 分か 15 分間のガイダンスで終わらせて，学生も喜ぶと思い込んでいる。結局，学生にとっての第 1 回目の授業の印象は情熱がなく，いい加減で，楽な授業というだけで，中国語への興味が湧かない。

## 4. 第 1 回目の授業の準備

初修外国語の第 1 回目の授業の重要性と問題点を理解すれば，第 1 回目の授業を軽く見てはならないと思われる。第 1 回目の授業のよしあしは，かなりその後の授業に影響があると考えられる以上，大事に教えな

ければならないことは言うまでもない。

大事な授業なので，きちんと以下のような事前の準備をすべきだと思われる。

### 4. 1　事前に名簿をもらって，学生の人数と名前の中国語の読み方をチェックする

学生の人数を事前に把握したら，授業の時間を組み立てられる。人数が少ない場合は余裕をもって，説明と練習の時間が多く作れる。逆に人数が多い場合は，説明と練習の時間は当然少なくなるので，準備段階がとても大事になる。それから，日本人の名字は時々中国語にはない国字がある。例えば「辻」「峠」「畑」などの漢字を初めて見る教員はほとんど読めないので，その読み方を大漢和辞典や国語辞典で事前に調べる。学生の名前の中国語読みは1回目の授業で教えなければならない。それは学生にとって異文化理解の第一歩で，不思議に思いながらも興味が湧いてくる。

### 4. 2　教室の広さを知り，座席表を作っておく

語学の授業は練習が多いので，学生に自由に座らせると，2人ずつの会話練習が難しくなり，時間がかかりすぎる。最初から座席を決めて，前期だけでも固定したら，授業の運びが早くなり，学生の名前も早く覚えられるので，学生との距離感が近くなる。名前を覚えたら，練習させる時にいちいち名簿を見なくても指名でき，時間の節約になるだけでなく，学生が教員の熱心さと親近感を感じられ，授業への興味が一層高くなる。

### 4. 3　具体的な授業の内容を準備する

90分の授業時間をどのように配分するかをよく考えて準備する。例えば，①学生の座席を決める，②全員に自己紹介させる，③授業の約束を説明する，④中国語について説明する，⑤中国語の学習について説明

する，⑥“你好”（こんにちは），“谢谢”（ありがとう），“再见”（さようなら）など5つぐらいの簡単な挨拶を教える，⑦中国語の歌かテキストの会話をちょっと聞かせる，⑧4つの声調の紹介など。以上に挙げた内容はとても90分間ではできないかもしれないが，とにかく，5分間の余裕をもって80分ぐらいの内容を準備して，残りの5分間は質問の時間にあてればいいのではないか。

授業で必要な資料，例えば，座席表，中国の最新データ，中国語についてなどは，事前に人数分をコピーしておく。それから，必要なら中国を紹介する映像資料や写真，あるいはPPTなども用意しておく。

### 4. 4　授業のやり方と約束を準備して，事前に人数分をコピーしておく

授業のやり方と約束を具体的に書いておく。例えば，この授業は会話中心か文法中心か，会話ならどのように会話を教えるかなど。テキストの会話文を暗記する，2人ずつ発表する，聞き取りのテスト，宿題の提出方法，評価する方法などを明記しておく。

同時に，授業の約束も明記する。例えば，出席を重視するだけではなく，5回欠席したら試験を受ける資格がなくなる，遅刻3回は欠席1回とする，テキストを忘れたら遅刻とする，授業中に携帯を操作することと寝ることは欠席とする，宿題を3回提出しないと欠席とするなど。この約束は若い学生に授業の真剣さを実感してもらうためである。

## 5. 第1回目の授業の具体的な内容の提案

### 5. 1　はじめに

教室に入って，まず明るい声で学生に中国語で“大家好！”と言って，学生に互いに“你好！”と言わせる。そして，すぐ黒板に今日の授業の内容を書く。学生に今日はどんな内容かなと心の準備をさせる。以降も毎回授業内容を必ず黒板に書く。例えば，

① 座席を決める
② 自己紹介（名前，趣味，中国語を履修した理由，授業への要求）
③ 授業のやり方と約束
④ 中国語の履修について
⑤ 中国語について
⑥ 挨拶用語
⑦ 楽しい時間（学生に自由に質問させる時間）

## 5. 2　2人1組で座席を決める

会話練習のためと言えば，学生は喜んで2人1組で座る。

## 5. 3　座席表と自己紹介

席を決めたら，座席表を回して，皆の名前を書いてもらいながら，すぐ全員の自己紹介をする。まず教員から，その後名簿を見ながら，学生に1人ずつ自分の名前，趣味，なぜ中国語を履修するか，授業に対する要求だけを話してもらう。終わったらすぐその学生の名前を中国語の読み方で2回言い，それを真似して言ってもらう。その時，必ず「発音がいいね」とほめる。出席を取る時に使うので，絶対覚えてくださいと言えば，皆，結構楽しく覚える。

## 5. 4　簡単に授業のやり方，約束について紹介する

事前に準備した授業のやり方と約束の資料を配って，1つずつ説明していく。表情があまり厳しくないように笑いながら説明するのが肝心である。最後にその紙を毎回自分で確認してもらうために，授業に必ず持って来るように指示する。説明の後に学生に納得させるために，必ず質問をさせる。

## 5. 5　中国語の履修についての紹介

学生がいろいろな初修外国語から中国語を選ぶのは入学前である。中

国語を履修したい理由を聞くと，一部の学生から「なんとなく」「特別な理由がない」「高校の先生から勧められた」などの意見が毎年必ず出るので，そうした学生のために，元気づけて，興味を持たせ，学習意欲を高めるために，中国語学習のメリットについて簡単に話す必要がある。例えば，

① 中国は日本の最大貿易国でもある。在日中国人は60万人もいる。日本の経済に大きな影響力を持っているので，中国語ができると，将来，就職する時は一助となる。

② 世界で人口が一番多い国（13億）で，世界中の華僑を含めると，どこへ行っても中国人に出会う可能性が極めて高い。その時に中国語は身を助けられる。

③ 中国は日本の隣の国で，「遠い親戚より近くの他人」。歴史から見ても，両国の交流が密接である。現在日本にいる留学生の中で中国人の留学生が一番多く，約10万人いるので，お互いに相手の言葉や文化を学ぶべきである。

学生は，テレビやインターネットなどの情報に振り回されることがあるので，中国に対するイメージは，決して良いとは言えないことを注意しながら，話し方があまり強くならないように，事実だけを淡々と述べる。

簡単に中国を紹介する映像を5分間上映しても，学生の興味を引くことができる。

## 5. 6　資料やテキストに沿って，中国語がどんな言語かについて簡単に紹介する

テキストをまだ購入してない学生が多いと予測して，人数分の資料を用意する。その後，資料かテキストに沿って中国語はどんな言語かについて，以下のように簡単に説明すればよい。

① 漢字だけの言語。日本語の漢字は中国から伝わって来たものなので，たくさんの同形同義の漢字があり，日本人にとって学びやすい

言語である。例えば，“大学，学校，日本，中国”など。しかし，発音は日本語と違う。

② 文法は簡単で，英語のように名詞の単数複数，人称による動詞の語尾の変化などが中国語にはない。1冊の本も“书”，2冊の本も“书”。日本語と同じく変化がない。

③ 英語と日本語のように，現在形，過去形，未来形のテンスがない。「行く」の“去”は過去も現在も未来も“去”を使い，前後に語句を追加するだけで動詞のテンスがない。

④ 中国語は語順がとても大切で，基本は目的語を動詞の後に置く。英語と似ているSVO。

⑤ 日本人にとって中国語は単語と文法は簡単で，発音だけが難しいと言われるが，発音はどこの国でも特徴があるので，難しいというより違うだけである。例えば，“today”はアメリカ英語とオーストラリア英語では発音が違う。“can't”もアメリカ英語とイギリス英語では発音が違う例を出して，発音の違いは当然で，難しくないということを説明する。

## 5. 7　簡単に声調を紹介する

簡単に中国語の4つの声調“mā má mǎ mà”を紹介するが練習はしない。学生にテキストを早く購入して，声調の部分をCDで聞く宿題を与える。

## 5. 8　簡単な挨拶用語を学ぶ

以上の7つの提案は，人数が多い場合は時間が足りないと思われる。5. 6についてはテキストに書いてあれば，テキストを読んでもらう。テキストがなければ，資料を配って，学生に家で読んで質問を考えてくるよう指示してもよい。最後に必ず簡単な挨拶の練習をする。

授業アンケートで，一番面白い授業内容を書かせたところ，「会話が一番面白かった」という回答が多かった。学生に外国語授業の楽しさ，面白さを感じさせるのは，会話の練習に尽きる。文法などを聞かせるよりも，友達と外国語で会話を練習するのが一番であるので，第1回目の授業は会話でしめくくった方が効果が高いというのが筆者の経験である。

よく使われる“你好”（こんにちは）“大家好”（皆さん，こんにちは）“老师好”（先生，こんにちは）“谢谢”（ありがとう）“不客气”（どういたしまして）“再见”（さようなら）を，発音はまだ習っていなくても心配せず，学生に真似させて，3回読んだら，隣の学生と会話する練習をさせて，1組か2組に発表させたら，クラスの雰囲気が一気に楽しくなり，学習意欲も高められる。

## 5. 9　最後に楽しい時間を設ける

会話の練習のあと，最後の5分間で楽しい時間を設けて，学生に自由に質問させる。最初は学生は何も質問しないことが多いが，教員は根気よく，質問の大切さを説明する。それから例を挙げる。例えば，「中国語はどういうところが難しいか」「先生は何ヶ国語が話せるか」「先生はいつ日本に来たか」など。しばらくすると，必ず1人か2人が手を挙げて質問をする。どんな些細な質問でも受けて，簡単に答えればいい。答えたくなかったり，わからない場合は，正直にわからないと言えばいい。

## 5. 10　授業が終わる時は，必ず中国語で互いに挨拶をする

教員が“下课”（授業を終わります）と言えば，学生に“谢谢老师”と言わせ，教員は“不客气”と返事をする。さらに教員が“再见”と言って，学生に“老师再见”と言わせてから授業を終える。これは授業の面白さを印象づけるためである。

# 6. 結び

## 6. 1　初修外国語教育の大切さの再検討

大学における初修外国語教育が軽視されている現在，それを再検討する必要があるのではないか。学生の立場と教育の使命から考えなければならないのではないか。はたして，学生の学力が低く，やる気がない，英語ができないという理由で，学生に初修外国語を教えなくてもよいのか。本当に学生のことを考えているか，それとも経営だけを考えているか。理解できない学生にはゆっくりと教え，高い要求ではなくて，低い目標を設定すれば良いのではないか。文部科学省も大学も，必要だと思えば選択必修にして，学生が大変でも学習させることが大事なのではないか。楽な方に流されたら，本当の教育とは言えないのではないか。

## 6. 2　教員の情熱が重要

全ての教育の核心は教員である。教員が情熱を持ち，教育法を研究し続ければ，必ずその授業の質が高くなる。初修中国語を含めて，全ての初修外国語にとって教員も重要である。授業のよしあしは教員次第である。初修外国語教育を守るために，教員の努力と研究が欠かせないと思われる。

学生の学習意欲と興味を高めるのは教員の責務に違いない。もちろん，第 1 回目だけではなく，全ての授業を熱心に教えなければならないが，「始め良ければ，終わり良し」のように，第 1 回目の授業が極めて重要であることも否定できない。第 1 回目の授業に心を込めて，十分な準備をして，授業内容を工夫して行えば，学生に必ず通じる。必ず学習意欲も興味も高まっていく。その後の授業も，スムーズに行くと思われる。

**【注】**

1）泉水浩隆 2009，武田修志 2005 など。

2）朝日新聞「変わりゆく第 2 外国語」2008 年 5 月 26 日付

3）http://www.mext.go.jp/b_menu/shingi/chukyo/chukyo4/houkoku/080410.htm（アクセス日：2017 年 10 月 29 日）

4）http://survey.gov-online.go.jp/h13/h13-daigaku/index.html（アクセス日：2017 年 10 月 29 日）

5）朝日新聞「変わりゆく第 2 外国語」2008 年 5 月 26 日付

6）http://www.mext.go.jp/b_menu/shingi/chukyo/chukyo0/gijiroku/1263500.htm（アクセス日：2017 年 10 月 29 日）

7）http://www.mext.go.jp/b_menu/shingi/chukyo/chukyo0/toushin/1383080.htm（アクセス日：2017 年 10 月 29 日）

**【参考文献】**

輿水優 2005『中国語の教え方・学び方―中国語科教育法概説―』，日本大学文理学部

田中慎也 1994『どこへ行く？大学の外国語教育』，三修社

関口一郎編著 1993『慶應湘南藤沢キャンパス・外国語教育への挑戦―新しい外国語教育をめざして』，三修社

国際交流基金 2006　日本語教授法シリーズ 1『日本語教師の役割／コースデザイン』，ひつじ書房

村野井仁 2006『第二言語習得研究から見た効果的な英語学習法・指導法』，大修館書店

ジャック・C・リチャーズ＆シオドア・S・ロジャーズ 2007　アントニー・アルジェイミー＆高見澤孟監訳『世界の言語　教授・指導法』，東京書籍

岩崎克己 2007「日本の大学における初修外国語の現状と改革のための一試案―主に，ドイツ語教育を例にして」，『広島外国語教育研究』10 号，広島大学外国語教育研究センター

武田和恵 2010「大学における外国語教育の現状について」，『言語と文化』第 22 号，文教大学大学院言語文化研究科付属言語文化研究所

泉水浩隆 2009「日本（の大学）における第 2 外国語教育をめぐる現状と課題―スペイン語教育を中心に―」，『学苑』No.821，昭和女子大学近代文化研究所

番場俊・千野真一 2009「総合大学における初修外国語教育の新しいあり方

をめざして」,『大学教育研究年報』14号, 新潟大学大学教育開発研究センター

武田修志 2005「大学における初習外国語教育の意義について―ドイツ語科目を例にして―」,『鳥取大学大学教育総合センター紀要』第2号, 鳥取大学大学教育総合センター

郭春貴 2007「大学における第2外国語の中国語教育の位置づけ」,『広島修大論集』第48巻 第1号（人文編）, 広島修道大学

# 13 对外汉语教学中的专业化和人性化
## ——从日本汉语教育谈起——

### 0．前言

首先感谢北京语言大学汉语国际教育学部汉语进修学院院长邢红兵教授给我这个机会跟大家交流，向大家学习。今天我主要是想从我30多年在日本从事对日汉语教育的经验来谈谈对外汉语教育的专业化和人性化这个问题。意见粗浅，万望指教。

### 1．日本的汉语教育

#### 1．1 日本汉语教育的六大园地

首先简单地介绍日本汉语教育的六大园地的情况。

（1）大学汉语专业课程

这是日本培养汉语专业人才的主要园地。主要有东京外国语大学、神户市外国语大学、京都外国语大学等10多所外国语大学的汉语学部，以及东京大学、京都大学、大阪大学等综合大学的中国语言文学学科。非常遗憾的是，每年学习汉语专业的学生都不多，比如，广岛大学汉语专业的本科生最近几年都是两三个。日本782所（2013年）开设汉语专业的大学，除了12所外国语大学以外，综合大学不超过100所，每年汉语专业的本科生都不超过3000人（每年大学生总数约56万人）。

（2）大学公共汉语课程

日本几乎所有大学都规定学生在学期间一定要选修英语（俗称第1外语）和另一种外语（从汉语、韩语、德语等选择一门外语，俗称第2外语）。这种第2外语相当于国内的公共外语，但是必修课，大多只学

习 1 年。在几种第 2 外语中，选择汉语的学生最多，约占 30%。比如，广岛修道大学每年选择公共汉语课的学生约占新生的 40%。如果全国大学以 30% 来算，约有 16 万人左右。可以说这是日本学习汉语人口最多的主要园地。不过这种公共汉语课一般只是 1 年的课程，教学目标只是通过教导一些基础汉语让学生了解一点儿中国语言文化。大部分学生一般只学 1 年就不学了。

（3）高中汉语课程

日本全国 3584 所高中（2012 年）中，开设汉语课程的有 542 所。但都是选修课，选修学生不多，每年仅约 2 万多人。课程比较随意，教学内容多是一些简单会话或文化介绍。基本上只是每周 1 节 50 分钟的 1 年课程。

（4）民间汉语班

日本民间的汉语班有三种：一是汉语专门学校，一般叫中国语专门学校，设有两年的汉语课程和其他短期课程，如日中学院；二是外语学校的汉语班，许多英语补习学校为了增加收入都开设了汉语班，都是一些短期班；三是日中友好协会的汉语学习班，各地日中友好协会为了促进中日交流，都开设了汉语学习班。这三种民间汉语班大都是以社会人士为对象的短期课程。学生和师资的流动性较大，学习内容大都以生活旅游会话为主。

（5）孔子学院

日本有 13 所大学设有孔子学院汉语班。学院虽与大学挂钩，但独立招生教学。

除爱知大学等少数名校外，大部分孔子学院的生源都不太多，但都在努力经营。

（6）NHK 的汉语讲座

日本的 NHK 是个半官方的全国性广播机构。其电台与电视台的教育频道都有汉语讲座。电台每天播送汉语讲座，每天重播一次。电视台每周播送一次，重播一次。全国听讲的学生无法统计，但从销售的课本来看，估计有 10 万人左右。

### 1．2 日本汉语教育的主要目的

综观上述日本教育的六大园地，可以很清楚地看出，学习人数最多的是大学的公共汉语课。可以说它是日本汉语教育六大园地中最重要的园地。

虽说大学公共汉语课程只是大学一般教育的一门课，但学生对汉语不一定都有兴趣，学习时间也只是每周 1 节或 2 节，只学 1 年，其教学目的也不在于培养汉语专业人才，只是通过教授一点儿基础汉语来培养学生的学习兴趣和对中国文化的理解。但这个园地学习人口庞大，哪怕只要有 5% 的学生喜欢上中国语言文化，想继续学习汉语，对对外汉语教育来说就已经是很大的贡献了。换句话说，怎么样把众多没有兴趣或者初学的人引到喜欢中国语言文化的道路上去，是日本汉语教育的主要目标。

遗憾的是，事实上日本汉语学界对公共汉语课并不十分重视。其原因有三：一是教学对提升职称不是绝对的条件，论文才是重要的条件，因此许多汉语教师的精力都放在科研与写论文上，不重视教学；二是公共汉语的师资大多是临时的非专任教师，他们大都不是汉语专业或受训过的对外汉语师资；三是许多教师认为公共汉语是可有可无的课程，觉得学生大多没有学习动机，没有兴趣，因而没必要花太多时间教导。

### 1．3 日本汉语教育的特点

（1）学生

不管是公共汉语课程，还是社会上的汉语班或者孔子学院的学习班，主要的学生都是初级班的学生，中级和高级的学生都不多。比如，广岛修道大学，每年一年级初级班的学生约有 400 多人，到了二年级中级班时，就只剩下 100 人左右。广岛大学一年级有 800 多学生，到了中级班学习人数竟不到 40 人[1)]。

那些初级班的学生，学习目的都不一样。大学汉语专业的学生有些可能为了学习中国文学，有些为了学习中国文化。学习公共汉语课程的学生大部分对汉语无所谓兴趣不兴趣，只为了拿学分。社会上的汉语班有些是为了工作需要，有些是为了提高修养，有些是为了去旅游，等等。

另外，学生的学习特点是，因为懂汉字，所以阅读能力较强，可是发音因受母语影响大，比较弱。而且学生一般都比较腼腆，上课不爱提问不爱说，但学习比较认真努力。

（2）教师

大学汉语专业的教师主要是专任教师，可是公共汉语课程的教师却大多是非专任教师，也就是临时教师，约占 69% [2)]。这些临时教师的专业大多不是汉语。中国教师只因为是中国人就被请来教汉语。日本教师只要会说汉语，或者专业跟中国有关系，比如中国政治、经济、历史等，都可以当公共汉语的教师。不管是中国教师还是日本教师，都不需要接受师资训练或汉语知识的培训，他们都是边教边学的临时教师。

社会上的汉语班，大部分都是聘请中国留学生来教。他们的专业也大多不是汉语国际教育专业。

（3）教材

日本大学公共汉语的教材五花八门，种类繁多，大多是各个大学的教师自己编写出版自己使用的教材。主要以初级教材为多，中级以上的教材因为学生少，相对来说不多。

初级教材的内容基本上以会话教材为主，附上一些语法点。阅读教材较少。会话内容也是因编者而异，大都是简单有趣的生活或旅游等话题。

## 2．从日本的汉语教育反思对外汉语教育的目的

从上述日本汉语教育的情况来看，日本学习汉语的人口不少，每年有近 20 万人，但这些学习群体都不是汉语专业的学生，主要还是公共汉语课程的学生。他们大部分对汉语不一定有兴趣，只认为汉语课好拿学分，只想学学看，有兴趣就学，没兴趣就放弃。而一般社会上汉语班的学习者的学习目的多是只想了解中国，或者想去中国旅游，或者只把

学汉语当做一种提高修养的活动。面对这些学生，教学目的不可能放在培养专业人才上，而应该放在怎么样培养学生的学习兴趣，怎么让学生对中国语言文化有兴趣，而且能继续学习下去。

那么国际与中国国内的汉语教育又如何呢？其实也大同小异。美国、韩国的汉语教育的主要目的也不是培养专业汉语人才，大多是使学生通过学习汉语，培养汉语学习兴趣，提高对中国语言文化的了解。比如，北京语言大学汉语速成学院短期进修班的学生，大都不是汉语专业的学生，有些甚至只是来中国试试看，适合就学习，不适合就放弃。因此我认为，速成短期汉语班的教学目的，不应该放在培养汉语专业人才上，而应该放在提高学生对中国语言文化的兴趣上。而这个目的看似简单，操作起来可是比本体教学还难。为什么呢？既要让学生学到一点儿汉语知识，又要让他们有兴趣学习，还要让他们能继续学习下去，不是内行人，无法感受其中的难处。

遗憾的是，日本国内与许多国家的对外汉语课程一样，大多规定在有限的课时里完成所规定的教学内容，结果上课都像赶鸭子般地拼命赶，无法寓乐于教。老师教得辛苦，学生学得辛苦，根本谈不上培养乐趣，大部分学生都因为觉得汉语难学或枯燥而半途而废[3)]。

从多年从事对日汉语教学工作的经验来看，我认为，对外汉语教育是一项任重道远的文化工作，其目的在于推广汉语，让外国朋友喜欢中国语言文化。如果学生对汉语有兴趣，无论什么情况他们都会继续学习。但如果没有兴趣，他们可不一定能继续学习下去。公共汉语课的最大目的就是要把这些刚踏进汉语门槛的学生的兴趣培养起来，让他们喜欢上汉语。而怎么样提高他们的学习兴趣，跟师资的水平、修养、教学方法、教学热情等息息相关。这也就是我们这里所要提出的对外汉语教师必须专业化和人性化的问题。

## 3．对外汉语教师专业化的问题

### 3．1　何谓专业化？

任何一门学问或技术都得由懂行的人来教才能达到一定的效果。只有好的师傅才能把学生引进门，才能让学生走上“修行”的道路。懂行就是专业化。专业化就是要掌握一定的专业知识，以便更好地展开工作，让工作事半功倍，更有成效。

### 3．2　对外汉语教师专业化

对外汉语教育经常被误以为只是教外国人汉语，很简单，只要是中国人就能教外国人汉语。这种看法早在 1987 年世界汉语教学学会成立的时候就已经被否定了。对外汉语教育是一门学科，不是所有的中国人都能教汉语，正如不是所有的英美人都能教英语一样。可是至今尚有不少对外汉语教育学院的负责人还认为，只要是中国人就能教汉语，聘请的都是一些非对外汉语教育专业的师资。

什么是对外汉语教师的专业化呢？毫无疑问，就是对外汉语教师必须具备这门学科的一些专业知识。这些专业知识包括：

（1）汉语知识

包括汉语的语音、语法、词汇等知识。这些知识不一定要详细地教给学生，但教师必须掌握，必须心中有数，而且能够深入浅出地给学生解释清楚。

（2）掌握一门外语

对外汉语教师如果会一种外语，本身必定有学习和掌握该外语的经验，这样才能更好地指导外国学生学习汉语。

（3）教育学的知识

从事任何一门学科的教育，都必须掌握一些基本教育学的知识，才能理解学生的心理，掌握课堂气氛，做好教案等工作。

（4）第 2 语言教学知识

对外国学生来说，汉语是他们的第 2 语言，甚至可能是第 3 语言。因此教师必须对第 2 语言教学的知识有所了解。

（5）中国社会文化知识

对外汉语教育虽说主要是教汉语，但在教学中，经常会碰到一些有关中国社会文化的问题。比如，阅读课中可能碰到秦始皇、高考、独生子女、80 后和 90 后等问题。有时学生还会突然问一些课本里没有提到的社会问题，如灰色收入、富二代等。当然教师不可能全都懂，但如果能掌握一些基本的中国社会文化知识，能简单地给予解释，学生可能会从中产生兴趣，而且会更尊敬老师。

## 3．3　教师专业化与研究

对外汉语教师有了专业知识，还需要继续搞研究吗？有人认为，搞科研是本体的工作，跟对外汉语教育无关，对外汉语教师只要把课教好就完成任务了。这种想法怎么样呢？陆俭明 2005 提出汉语教师应具备三大意识：一是教师要树立很强的学科意识，二是教师要树立很强的学习研究意识，三是教师要树立自尊自重的意识。这三大意识提醒对外汉语教师不能光教课，还应该不断地进行学习与研究。

（1）知识与研究

所有知识都是随时代发展而有所改进的。对外汉语教学的内容也一样。比如，过去对第三声的解释是 214 调值，但林焘 1996 经研究，提出对外汉语教学的第三声应改教中国人常用的 211 调值。同样的，语法方面的“把”字句，以前只解释为处置，而张旺熹 1991、2001 提出的“位移说”能更清楚地解释“把”字句的用法。这些都是对外汉语教学的新知识，如果不学习、不研究，就无法融入日常的教学里。

（2）教学与研究

许多对外汉语教师认为，只是教外国人汉语，内容不难，没必要研究。也有教师认为，教课任务繁忙，无暇做研究。这两个情况都是事实，但前者的问题正是一般不了解对外汉语的人的看法，必须加以纠正。教学内容虽简单，但怎么让外国学生掌握好，怎么让他们有兴趣继续学却是个大学问。后一问题确实令众多对外汉语教师感到苦恼。许多教师肯定知道研究能提高知识，能提高修养，能加强教学信心，也能提高教学质量，但就是无能为力。这种力不从心的现象可能有以下几种原因：①没有良性刺激，研究与教学的好坏都无赏罚；② 事业心不强；③ 不是真正喜欢对外汉语教学工作。

其实，对外汉语教师可以从很多方面进行研究，比如说总结一些教学经验，提出来跟大家一起学习讨论，然后把它写出来。还有，也可以从教学中发掘一些研究问题。比如，外国留学生为什么用不好结果补语？“道个歉”“上个厕所”的“个”该怎么解释，等等。另外也可以编写一些教材或参考书籍等。总之，喜欢教学就会想怎么提高教学；想怎么提高教学，就会想研究。对外汉语教学的研究是为教学而研究，不是为研究而研究。

## 4．对外汉语教师人性化的问题

### 4．1　何谓人性化？

《现代汉语词典第 6 版》对“人性化”一词的解释是：“设法使符合人性发展的要求。”从心理学的角度来说，所谓人性发展的要求是希望被爱和被理解，希望受尊重和受鼓励，希望满足欲望，希望受人平等对待，获得宽恕。有了这些要求，人性基本上能健康发展。近年来在企业管理上，为了提高效率，增加利益，许多企业都呼吁“管理要人性化”“商品要人性化”等。换句话说，人性化就是在工作上要符合人性的发展，也就是要有爱，有温暖，有鼓励，能互相尊重，能让人满足一些欲望（比如，受表扬、获奖赏、涨工资等）。

### 4．2　对外汉语教师人性化

对外汉语教师的人性化表现在对待学生的态度上，也就是教学要符合学生人性的发展要求。以下是教师人性化的一些要求：

（1）要理解学生

人都希望被理解，因此教师一定要站在学生的立场，为学生思考适合的教学法、指导方法、讲解方法等。

（2）要尊重学生

人也希望受人尊重。教师要尊重外国学生的各种文化习惯，也要尊重学生的不同意见等。

（3）要鼓励学生

人都希望受鼓励，受表扬，教师应该尽量多鼓励、表扬学生。

（4）要宽容学生

人都会犯错，特别是学习外语时犯错是常有的。教师必须要宽容学生的各种错误，适当地帮助学生纠正错误。

（5）要平等对待学生

对外汉语教育经常会碰到不同国籍的学生，必须要平等对待不同国家的学生。不能只重视欧美学生，忽视亚非学生。

## 4．3　对外汉语教师人性化的具体要求

（1）搞好师生关系

良好的师生关系肯定能提高教学质量，也能提高学生的学习兴趣与效果。因此教师人性化首先要做的就是要设法搞好师生关系。这方面首先就是教师要喜欢学生，尊重学生，关爱学生；其次是对教学要高度负责，要站在学生立场谦虚、努力备课，热心、开心讲课。另外，还要尽量缩短师生距离，比如，尽快记住学生的名字，上课尽量笑口常开，尽量在学生周围走动，帮助学生解决一些学习与生活上的问题。

（2）制造轻松欢乐的课堂气氛

轻松的课堂气氛能提高学生学习的乐趣，提高学习的效果。因此教师要想办法制造轻松的课堂气氛。比如，上课提前到教室跟学生闲聊一会儿，下课晚些离开以便让学生问问题。教学活动要灵活多彩，教具要生动，要能吸引学生。上课时多一点儿幽默，多一些表扬。教师自己要高兴，才能把欢乐带给学生，才能制造欢乐的课堂气氛。

（3）要让自己与学生有所提高

人性化就是要满足人的成长要求。教学相长，教学与学习效果才能提高。因此，教师要多思考如何提高教学质量，如何帮助学生更好地掌握汉语。教师应该多去观摩其他教师的课，多总结经验。还可以通过批改学生的作业，了解学生的学习情况，并从中发现问题，促进自己思考与研究。这样教师一定能有所提高，学生也肯定能学有所成。这是人性化最终的目的——成长！

## 5．对外汉语教师专业化与人性化的平衡问题

上述所谈的对外汉语教师的专业化和人性化，简言之，就是要拥有对外汉语教育的专业知识，要热爱学生，要敬业乐业。日本汉语教育存在专业化与人性化严重不平衡的现象，许多专任教师只顾搞科研，写论文，忽视教学，认为学习不学习跟老师无关，重要的是学生自己是否要学习，结果造成许多初级班的学生感受不到教师的人性化，大都半途而废，不想继续学习。而许多非专任教师由于缺乏专业知识，加上认为自己只是临时教师，也无法全心投入。

国内与国际的对外汉语教育是否也存在这些情况呢？这是值得反思的一个问题。有专业知识的教师，是否只搞研究不关心教学呢？热心教学的教师是否专业知识不够，或者不想搞研究呢？只有专业化但缺少人性化的教师，会让学生敬而远之，提不起兴趣学习。而只有人性化但缺少专业化的教师，只会让学生一时感到欢乐，无法长久坚持，学习可能会原地踏步，不扎实，难以提高。

因此，对外汉语教师必须要专业化加上人性化，也就是要有专业知识和爱心。这样才能让学生既能学到知识，又能感受到爱与温暖，其结果就是让学生喜欢中国语言文化，坚持不懈地学习汉语。这才是对外汉语教师要达到的目的。

## 6．小结

日本在世界上算是学习汉语人口较多的国家，可惜日本国内并不太重视。日本许多汉语教师缺少专业化与人性化的意识，对汉语教育的目的不清楚。许多学习汉语的学生都只学 1 年就半途而废了。这可能是造成近年来华学习汉语的日本学生有减无增的一个原因。不管怎么样，这个问题非常值得国内外对外汉语教师反思。

日本汉语教育的问题，可以促使我们反思：对外汉语教育的主要目的是什么？ 培养汉语专业人才当然也是一个目的，但不是主要目的。主要目的应该是要把学生引进门来，是要培养他们学习汉语的兴趣。只要有兴趣，他们就会到中国来留学，留学后，他们的汉语水平就能慢慢达到专业水平。如果学生初期阶段没有兴趣，根本就不可能继续学习，更谈不上专业人才的培养了。

而怎么样才能把初级学生吸引住？主要还是要靠优秀的师资。教师在这方面的任务可说是重上加重。教师怎么通过教导汉语让外国学生对汉语和中国文化产生兴趣是一项任重道远的工作。因此必须重视师资训练与培养的工作。不管是训练或培养，都必须重视专业化与人性化的问题。如果对外汉语教师能有专业化和人性化的意识，进而加强、提高自己的专业化和人性化，那么对外汉语教育事业肯定会光明灿烂的。

**【注】**

1）数据来源：广岛修道大学和广岛大学教务处资料。

2）见『日本の中国語教育―その現状と課題・2002―』。

3）笔者曾参观过中国许多大学的对外汉语课，也曾在美国教学并调查过美国的汉语教学。另外也询问过韩国、菲律宾、泰国、英国、德国等国家的不少汉语教师，大部分教师都表示课程安排很紧，没时间寓乐于教。

**【参考文献】**

崔希亮編 2007〈试论对外汉语教师的知识和能力〉，《汉语教学—海内外的

互动与互补》，商务印书馆
崔希亮 2013〈说汉语教师的学术自觉〉，《世界汉语教学》第 4 期，北京语言大学
郭春贵 2005〈日本的大学汉语教育问题〉，《世界汉语教学》第 4 期，北京语言大学
林焘 1996〈语音研究和对外汉语教学〉，《世界汉语教学》第 3 期，北京语言文化大学
陆俭明 2005〈汉语教员应有的意识〉，《世界汉语教学》第 1 期，北京语言大学
张旺熹 1991〈“把字结构”的语义及其语用分析〉，《语言教学与研究》第 3 期，北京语言学院
张旺熹 2001〈“把”字句的位移图示〉，《语言教学与研究》第 3 期，北京语言文化大学
日本中国語学会中国語ソフトアカデミズム検討委員会編 2002『日本の中国語教育—その現状と課題・2002—』，好文出版
輿水優 2004「中国語教育の現状と課題」，『日本語教育』第 122 号，日本語教育学会

# 14 教員や学生などの感想

## 教員：授業を見学された教員の感想

1．あの難しい中国語を修大生がどのように学んでいるか。実は想像できませんでした。そこで，ぜひ参観したいと思った次第。あの難しい中国語をクラス全員が，集中力を切らさずに，しかも「楽しげに」学んでいる姿に驚きました。郭先生の朗らかな教授パフォーマンスで，中国語が陽気な言語のように思えてきました。

学生たちが手を挙げて前に出て発表する積極的な姿勢も，反応が少ない我が授業と比べて，素晴らしいです。先生の真似はできそうもありませんが，大変参考になりました。私もリタイア後には，中国語を学びたいなと思いました。ありがとうございます！！追記：学生の中国語は素晴らしい！（O 先生）

2．授業の内容を黒板に書いてあるので，学生が進み方をよく理解できる。進め方のテンポもよい。テキストのポイントを例文を使い，1 人 1 人，声に出させて応用させることは，語学教育のいい方法です。（B 先生）

3．学生の名前を全員覚えていることはすごい。1 人 1 人の名前を中国語で読んで，練習させることは良かったですね。先生が指名したり，指示したりなさると，学生の反応が早い。学生が積極的で良かった。（K 先生）

4．学生全員の日ごろの成績や取り組みまで把握された上で講義をされていることと，テンポの良さが，他の教員にはない魅力であると感じた。最近宿題が出ていないのは誰，しっかり取り組んでいるのは誰まで分かった上で質問が出され，その答えに対する的確なコメントが出ている。できない学生に対しても切り捨てることなく，勉学の輪に加わるように指導されている。したがって，前回宿題を提出しなかったと名前を挙げられた学生も，先生に対してふてくされることなく，若干恥ずかしそうな表情でついていこうとしていた。クラスが生き生きしていた。自分の講義に何が欠けているかよくわかった。少しでもテンポ良い講義になるよう工夫していきたいと思う。しかし，郭先生のように，あの生き生き感を醸し出すのは能力が必要で，そんなに簡単に真似はできないだろうという思いもある。（N 先生）

5．半年あまり中国語を勉強しただけで，このぐらいしゃべることができて，先生の多大な努力なしでは不可能です。素晴らしかった。（N 先生）

6．第 2 外国語（中国語）を習う積極性が見られる。先生と学生とのコミュニケーションがうまくできて良かった。学生たちの中国語の発音は思うよりお上手です。（M 先生）

7．先生がにこやかに楽しそうに授業をなさっていたことは良かった。（私にはまだそういう余裕がないので，さすがだと思いました）（W 先生）

8．導入で学生と短い会話をした後，これまでの復習を兼ねた音読練習，会話の暗唱発表，ポイントの説明，十分な音読による練習，音声と意味を結びつける練習と，ながれもスムーズで学生が暇だと感じる暇がない。（A 先生）

9．学生の自発的に返答し，大きな声で復唱するというクラスの雰囲気がいい。受講マナーもよい。態度，礼儀についての指導が伺える。（H先生）

10. とても素晴らしい講義をされるという噂を聞いていたので，参観させていただきました。学生に飽きさせない工夫が見られました。最初にやることを明示していること。会話の練習も，文法の練習も学生が主体で，順序よく楽しく勉強させていることは感心しました。（K 先生）

11. 単に語学の勉強だけではなく，大学で学ぶことの目的や土台を作ることなど，心にしみ込むお話も良かった。（Y 先生）

12. それぞれ，できばえに応じて丁寧にコメントされて，ほめる言葉や励ましの言葉も多用されている。（O 先生）

13. 学生が楽しく勉強している姿はびっくりしました。授業の内容に無駄がなく，洗練されている。完成度が高く，このクラスでは特にこれ以上工夫する点はないように思う。学生も着実に実力をあげているのが分かる。（Y 先生）

14. 最後に学生からの質問の時間を設定し，対応していることも良かった。全体的に双方向の授業である。（M 先生）

15. 先生の努力，熱心さを学生が分かっている。優しく，厳しく，語学を教えるだけではなく，学習方法への助言もする。（I 先生）

16. 学生が自ら講義に参加する雰囲気づくりがうまいと思いました。程度よい緊張感がありました。クラス 1 人 1 人に話しかけるタイミングは参考になります。授業内は強弱あり，会話暗記発表，新しい会話の練習，語彙の練習，ポイントの例文の音読，自由作文，復習，自由に質問の楽しい時間など，90 分の授業はたくさん盛り合わせて，飽きない工夫をしていると思います。（M 先生）

17. 先生は学生に愛情と熱意を持ち接しており，学生もそれに応えているので，クラスの雰囲気がとても良い。途中の中国事情はとても興味深い，いいスパイスになっている。（K 先生）

18. 授業の目標がはっきりしている。学習のポイント，何をするべきかが明確になっているので，学生の学習意欲に繋がっていると思いました。授業で，努力した学生をみんなでたたえることにより，その学生はもちろん，クラス全体のやる気が高まっていると思いました。（M 先生）

19. 先生が学生全員の名前を覚えていて，授業中，無差別に指名できることは良かった。学生全員が先生の方を注視して学びとろうという姿勢になっている。90 分の授業をいくつかのタイムスパンに区切って，いろいろのテーマをつぎつぎに学ぶ形式にして，学生が退屈しないシステムにしている。（N 先生）

20. クラスにいた学生の多くが TOEIC Bridge140 に達しておらず，e-Learning 英語Ⅱの再履修をしていると思われますが，そのような学生たちが声を出して中国語を発音し，例文を作る作業に熱心に取り組む姿がとても印象的でした。（O 先生）

## 学生：無記名のアンケートから

1．私は 1 年生の時に，初修外国語は既にフランス語を履修したので，単位はいらないが，自分でやりたいだけで中国語を履修しました。その時，どの先生の中国語を履修するかいろいろな友達に相談した時に，「郭先生が良いよ！」という声が多かったので，思い切って授業に参加してみました。なぜ多くの友達が郭先生を勧めるのだろう…最初の授業ですぐに，その答えが分かりました。郭先生はどの先生よりも熱心に学生のことを考えて授業をされているので，授業を受ける学生の心に先生の思いが届いているのだと感じました。先生の授業に出るといつも元気が出て，やる気も出て，自分が今まで履修してきた授業の中で一番楽しかったです。（修大生）

2．郭先生の良いところはたくさんあると思いますが，中でも一番すごいと思うのは，心のある温かい授業である。単に授業を教えるということだけではなく，勉強をしていない学生を叱るというところが私はすごいと思っている。なぜなら，学生を思っていないとできないことだと思う。他の先生は勉強しない学生にも寝ている学生にも全然無関心です。（修大生）

3．先生から語学だけではなく，人間らしさを学ぶことができました。実際，大学に来て，このようなことを教えてくれる先生方がいるとは，正直言って，いるとは思っていませんでした。（修大生）

4．郭先生のような先生が修大に増えたらいいと思う。年を取ってる先生とか若い先生もいるけど，全く生徒の反応を見ず，自分の好きなことだけを言う先生が多い。郭先生のような先生は本当に貴重です。中国語以外のいろいろな人生のこととか，たくさん教えていただいたことも，大変勉強になりました。また，先生に習いたいなー。（修大生）

5．私は中国語の授業を受ける前に，とりあえず単位が取れればそれでいいやと思っていました。郭先生の授業は毎回宿題が出るし，教科書の暗唱もあるし，少し面倒くさいなと思うこともありました。しかし，郭先生の授業を受けているうちに，郭先生がとても愛情を込めて私たちに授業をしてくださるので，私も真面目に中国語を身につけたいと，少し思えるようになりました。郭先生のおっしゃる通り，語学の勉強は頭の訓練にもなります。現在の大学は簡単に単位を与えたり，試験も持ち込み可であったり，脳の記憶力を使う教科が少ないので，中国語の授業を大切にしようと思いました。（修大生）

6．郭先生はとっても厳しくて，時々うわあーと思う時もありますが，単に厳しいだけでなく，生徒にちゃんと中国語を習得させようという熱意がひしひしと感じられるので，授業は1回も休まず，宿題もきちんとできました。なんだか少し中国語が好きになったような気がします。ありがとうございます！！（修大生）

7．大学に入って一番頑張った授業はこの中国語でした。別に中国語を習うために大学へ入ったわけでもないのに，大学の授業で一番大変で楽しくて一番良い授業だったと思う。郭先生の授業に当たったのはとてもラッキーなことだと思う。いろんな事に対して頑張ろうとやる気が出る。中国語以外にもいろんな，ためになる話をしてくれるので，まだまだ教えてもらいたい。（修大生）

8．私は大学に入って中国語を選択して正解だったと思う。確かに，この授業では他の授業とは違って，毎週宿題が出るのはもちろんのこと，長期休暇になるたびにたくさんの宿題が出されたり，みんなの前で発表したり，結構大変だった。でも，だからこそ，今，2年生でも必修ではなくても続けて勉強している。2年間の大学生活では，一番頑張ったと言えるのは中国語なんだと思う。（修大生）

9．先生のおかげで，中国のことについての興味，関心を深く持つこと

ができたので，とても良かった。また，授業はとても分かりやすく，集中して勉強することができた。(修大生)

10. 最初は，1年でどれほど上達するか不安だったけれど，先生のおかげで自分でも驚くほど上達したと思います。最初は教科書の最後のほうが読めないだろうと思っていたが，今になってなんと読めるようになりました。2年次から郭春貴先生の授業を履修したいので，専門とかぶせないようにカリキュラムを設けて欲しい。これからの社会を生きるためには，中国語を学ぶ必要があるため，修大はもっと中国語を重視すべきだ。(修大生)

11. ためになる話が多かった。五感をフルに使える授業だった。自分を見直すきっかけを与えられる授業で，厳しいことを言われることもあるけど，もっともなことであると感じた。(修大生)

12. 授業の進み方が早すぎて，時々厳しかったですが，面白かったです。全ての授業の中で，一番ねむることができない授業で，一番大変で，一番良かった。授業の方針がとてもいいと思います。前に習った授業のものと新しく習ったものをまぜて，例文を作ったりしたので，まんべんなく復習できて良かったです。(修大生)

13. 先生は授業でいつも手抜きなどしたことなく，一生懸命指導してくれていたので，少しでも理解しようと頑張る気持ちになれた。先生は苦労されているだけあって，他の先生の発する言葉の重みとは違った。教え方もうまく，熱心で時々怒られて怖かったけど，それもいい思い出です。いつか先生と中国語で対等に話せるくらいうまくなりたいです。(修大生)

14. 郭先生の授業で何度も復習をしてくれたので，自然と単語も覚えられた。分からないところを丁寧に教えてくれて，毎週小テストもあったので，勉強の上で役に立ちました。授業はとても楽しくて，中国語が身についていると実感できました。中国への関心が高まった。留学に行きたいと考えています。（修大生）

15. すごい！先生が 1 回の授業だけで，生徒全員の名前を覚えて，2 回目から出席を取らなく，全員が中国語で名前を呼ばれる。質問が名指しであることが授業中の意欲向上に繋がり，集中力が上がった。また，積極的に生徒が話すことで，受け身の授業にならず，語学で大切な意欲を高めた。家で勉強する習慣がついてよかった。（修大生）

16. 郭先生がすぐ答えを教えるのではなく，生徒に考えさせることが徹底されていて，力がついた。発音の指摘も常時あり，声調を正しく教えてもらった。そのおかげで自分で気をつけるようになったし，ミスが減った。授業で，中国語の雰囲気，文化が伝わってきた。（修大生）

17. 中国語の授業が，この大学で受講している授業で一番有意義な時間が過ごせているように感じます。先生は生徒の理解度を見ながら，授業が進んでいったことがとても良かった。クラス全体の楽しく勉強する雰囲気が，他の授業にはない。ありがとうございます！！（修大生）

18. 先生ほど好感が持てた外国人は他にいません。少なくとも，先生の授業を受けた学生たちの中国人に対するイメージは回復したはずです。（修大生）

19. はじめは，授業についていけるかすごく不安だったけど，なんとかついていけるようになって，最近では中国語の勉強が楽しいです。というか，この授業が一番「授業を受けてる」って感じて，すごい充実していると思います。この授業が一番好きです。（修大生）

20. 2年間郭先生の授業を受けさせていただきましたが，これほど関心が持てて，ためになる授業は初めてでした。郭先生のおかげで中国のことが好きになったし，留学セミナーに参加することができ，一生の思い出ができました。先生に出会って本当に良かったです。ありがとうございます！！（修大生）

21. 先生の授業を通して中国語についてのことだけでなく，多くのことを学ぶことができました。自分は「人」として変われたと思っています。中国の文化，教育など幅広く学べて，語学力向上とともに，知識も養えて嬉しかった。授業では教科書以外の単語も教わり，それを繰り返すことで定着させることができ嬉しかった。(広大生)

22. ついていくのが大変だったが，面白い話がたくさん聞けてありがたかったです。先生が発言を促してくれるので，みんなが積極的に，集中して授業を受けられる。毎回宿題があり，理解が深まる。もう少し先生が授業してほしい。(広大生)

23. 1年生の終わりに，中国語を専攻することを決めたのも，郭先生の存在なしではありえなかったことです。大学に入って，高校生の時のような明確な目標（大学に合格）を失い，何をするべきなのか，あやふやなまま過ごしてしまいましたが，専攻の選択の時，思い当たったのは郭先生のことでした。郭先生に中国語を教えてもらうことで，自分の目標が見えてくるかもしれないと思い，中国語専攻を決めましたが，今，これほどまでに，自分が中国の言語も文化も好きになっているとは，予想もしていませんでした。(広大生)

24. 郭先生の授業は，予習をしないとかなり厳しかったけど，聴覚を刺激する方法は発音や声調の習得に役に立ったし，先生が教えてくれるポイントは要領がよく，ああ，この先生は日本語と中国語の違いをよ

く理解しているなあと思った。(広大生)

25.『外国語上達法』(千野栄一著)に書いてあるように，外国語の習得にとって，どれほど教師の役割が大切かを知ったような気がする。なぜ郭先生が良かったかというと，それは他の先生たちと比べて，授業に対する情熱が格段に強かったからだと思う。先生が本気だから，生徒も本気になる。僕は郭先生の授業に最後までついていけ，中国語を好きになれたのだと思う。(広大生)

26. 約1年間，中国語を教えていただき，ありがとうございました。本当は，私の第1希望はスペイン語でしたが，第2希望の中国語のクラスに回されました。しかし，今は郭先生の中国語の授業を受けて，心から良かったと思っています。郭先生は今まで私が出会った先生の中で，一番向上心があり，教育に情熱があり，尊敬できる先生だと思います。(広大生)

27. 1年間勉強して，中国に以前よりもすごく興味を持つようになりました。日本語と英語と中国語の3か国語が話せる社会人になりたいです。一年間非常感謝！(広大生)

28.「本当の語学の勉強ってこうなんだ」という驚きと嬉しさとしんどさを感じた。中学，高校と受けてきた英語の授業では，身につくはずがないということがはっきり理解できた。しかし，毎回毎回の暗記，授業中にどんどんあてて，正しい発音ができるまで言わせるという，今まで味わったことのない授業での緊張感が，最初の頃は嫌でたまらなかったが，今ではすっかり慣れ，内容の濃い授業に充実感を感じている。(広大生)

29. 郭先生はとても熱心で，1人1人のやる気を向上させるように努めてくださったので，間違いなく，他のクラスや他の大学の中国語履修者よりも力がついたと思います。自分は郭先生と出会えたことが，今年の一番幸せなことでした。ありがとうございます！！（広大生）

30. 何より郭先生の熱意に感動した。広大の授業の中で，一番楽しい授業です。語学だけではなく，人生，文化のことも教えてくれました。郭先生の授業を，あと 1 つか 2 つ開くべきだと思います。また，広島大学に招聘されることを希望します。（広大生）

＊修大生：広島修道大学学生，広大生：広島大学学生

## リスナー：NHK ラジオ まいにち中国語（2009 年 4 月～9 月）のリスナーの感想

1. 私は昨年度まで，東京大学修士課程で生物学を勉強しておりました。生物の勉強をしながらでおかしな話ですが，しかしやはり段々と成長して，自分自身や周りの人のことについても考えられるようになったということなのでしょうか。自らの一生を賭してやるべき仕事を見出しました。それは漢文学，中国文学に関わることです。しかし，それまで全く中国語を勉強したことがなく，手始めにラジオ講座で勉強することにしました。それが郭先生の講座だったのです。

先生は，初めて中国語を学ぶ私を優しく励ましながら導いてくださいました。先生に直接にお会いしたことはありませんが，言葉やしゃべり方から，先生の誠実で，ゆったりとした人柄が十分伝わってきました。これから私が生涯をかける中国語の，そのはじめの師匠が先生であったこと，これは私にとって大変好運なことでした。そしてこのご縁に心より感謝いたしております。（Y. S. 様）

2. 中国に惹かれて講座を聞き始めて 4 年になります。この春，消えか

けていた学習意欲に，再びやる気を起こさせてくださったのは郭春貴先生です。郭先生の講座はとても分かりやすいです。また，いつも温かく，優しいお声で励ましてくださいますから，やる気が出てきます。郭先生は「聞いてくださって，感謝いたします」とよく言われますが，私は「こちらこそ。こんなに分かりやすく教えてくださり，ありがとうございます！」と心の中で答えてしまいます。私も郭先生のように，謙虚で明るい人になりたいと思います。（Y. M. 様）

3．以前，何年間かこの講座を聞いていましたが，ついていけずやめてしまいました。数年ぶりに，本屋さんで中国語のテキストを手にとり読んでみたところ，以前のテキストと少し違う感じを受け，また始めてみようと思い，8 月号より再び始めました。テキストの内容，構成が素晴らしいと思います。同じ言葉を繰り返し登場させ，覚えやすいような工夫，また，生きた会話を随所に感じます。文法を勉強するうえで作った会話もありますが，生徒側に立って生徒の気持ちを考えたテキストだと思います。10 月から先生が変わるようですが，テキストも完全に違う形式になるのでしょうか。ちょっと気になります。（G. K. 様）

4．秋の訪れと共に，楽しく聞いていました「まいにち中国語」が終わってしまい，寂しく思っています。5 年間続けていましたが，今回の郭春貴先生のテキストが良かったです。特に「今日の発音」が勉強になり，これからも続けてもらいたいなあと強く思っています。勧めた友達も喜んでいました。先生，ありがとうございます！（無名氏）

5．郭老师，突然，お手紙を大学あてに送らせていただき，大変失礼します。「まいにち中国語」での半年間，大変お世話になった郭老师に感謝の気持ちをお伝えしたくて手紙を書かせていただきました。最後まで読んでいただけたら幸いです。主人の中国出張がきっかけで，4

月からラジオ講座で中国語の勉強を始めました。最初は「私に続けられるだろうか」と不安もありましたが，郭老师の優しい口調と分かりやすく，楽しい内容に不安もすぐ解消されました。講座の中で郭老师がおっしゃった心に残る言葉がいくつもありますが，中でも特に心に残り，今も大切に続けていることが 3 つあります。

1.「繰り返しラジオを聞いて，恥ずかしがらずにどんどん話す」。ある日，母と姉と私で東京タワーに行った時に，観光に来ていた中国人に勇気を出して話しかけてみました。
2.「講座を聞いている皆さんが，将来きっと誰かの役に立っていると思う。努力は裏切ることはない。応援していますよ」。私の看護師という仕事を通じて，「中国人の患者さんのために役に立ちたい」という目標ができました。
3.「大～きなまる！」。この言葉に支えられ半年間，勇気と希望を持って勉強することができました。郭老师に元気をいただいたように，私も家族や友人によく「おおきなまる！」を使わせてもらっています。

（中略）

私たちに中国語を学ぶ喜びと，大きな夢と目標をくださった郭老师！大～きな花まる❀を送ります。ありがとうございます！！非常感谢！！（H. K. 様）

6．毎日楽しく中国語講座を聞いています（1 日 3 回）。なんというご縁でしょう。4 年程前に先輩からとても良くできた本があると勧められたのが郭春貴先生のご著書『誤用から学ぶ中国語』です。うわさ通りとても良い本で，困った時の救世主的役割を果たしてくれます。NHK 講座のおかげで郭春貴先生の人物像に触れることができ，感謝，感謝です。日本語の説明がとても分かりやすいのは先生の奥様のお力なのですね。（無名氏）

7．何年も中国語と向き合いて，仕事しながらで身につきませんでした。ただいま 84 歳，病気療養中で，毎日郭春貴先生の講座は至福のひとときです。「今日の発音」で全く自信のなかった発音も自信が持て，「耳だめし」もやっとほぼ正解に近くなり，大きなマルは私に向けての言葉と喜んでおります。「今月の歌」も嬉しいですね。歌詞を暗記して脳の訓練にもなりそうです。今後も郭春貴先生の講座を期待してお待ちします。(N. H. 様)

8．こんにちは！ 4 月から中国語講座を聞き始めました。9 月で郭春貴先生の講座が終了し，少し寂しい気分です。はじめはだめもとで, 6 ヶ月で終了する短いラジオ講座を探して，この講座と巡り会ったのですが，今となっては 1 年間の放送でも続けられるだろうと思うほどになりました。毎朝，通勤前の 15 分が中国語学習の日課になり，充実しています。三日坊主の私にも郭先生に励まされながら，6 ヶ月間，1 日も欠かさず楽しく学ぶことができました。大人になっても「大きなマル」をもらえると嬉しい気分になるものですね。今後また郭先生の放送があったら，是非聞きたいと思っています。郭先生の中国語講座応用編を検討していただけないでしょうか。よろしくお願いします。(無名氏)

9．私もこの先生の講座，楽しんでいます。正直，「また入門編か？…」と思わなくもなかったのですが，新しい視点が盛り込まれていますし，知らなかったこと，気づかなかったこともあり，勉強になっています。本文からの発展は，全くの入門者ではない学習者にも興味深いものがあり，守備範囲の広い内容になっていると思います。私も R さんと同じく，先生の妙なテンションについていけないものを感じましたが，慣れるものですね。今は温かく明るく熱心な先生と思うようになりました。(M. Y. 様)

10. 郭春貴先生の講座が終わって，がっかりしています。過去 5 年，延べ 10 人の先生の初級講座を継続して受講した者ですが，郭先生は最高です。それぞれ工夫をこらされ，面白く講義されていますが，内容が一番充実していました。また，李広宏先生名訳の日本の歌も楽しく聞きました。「故郷」は苦労して覚えました。来年 4 月，郭先生にまたお会いしたい。（N. I. 様）

＊一部用字，用語を統一した以外，ほぼ原文のまま抜粋した。

**著者略歴**

郭春貴（かく　はるき）
1986 年東京大学大学院博士課程単位取得中退（中国語学専攻）。現在，広島修道大学名誉教授。2009 年 4 月～ 9 月 NHK ラジオ まいにち中国語講師。

主な著書
『誤用から学ぶ中国語』白帝社 2001／『中国語検定対策 3 級・4 級　単語編』白帝社 2003／『中国語検定対策 3 級・4 級　文法編』白帝社 2005／『中国語検定対策 2 級　リスニング編』白帝社 2008／『中国語検定対策 2 級　語彙編』白帝社 2009／『やさしく楽しい 400 語で学ぶ中国語入門』共著，白帝社 2011／『総合力をきたえる実用中級中国語』共著，白帝社 2012／『HSK 基本語彙 1 級―4 級』共著，白帝社 2012／『HSK 基本語彙 5 級―6 級』共著，白帝社 2013／『誤用から学ぶ中国語　続編 1』白帝社 2014／『誤用から学ぶ中国語　続編 2』白帝社 2017／『やさしく楽しい中級中国語』共著，白帝社 2017／『HSK 成語用法』共著，白帝社 2018

**第 2 外国語中国語教育の諸問題**

2020 年 4 月 20 日　初版印刷
2020 年 4 月 25 日　初版発行

著　者　郭 春 貴
発行者　佐藤康夫
発行所　白 帝 社
〒 171-0014　東京都豊島区池袋 2-65-1
TEL：03-3986-3271　FAX：03-3986-3272
http://www.hakuteisha.co.jp

組版・印刷・製本　モリモト印刷(株)

 Printed in Japan　ISBN 978-4-86398-389-2